Sybille Günther

Himmlische Zeiten für Kinder

Den Zauber weihnachtlichen Brauchtums
in lebendigen Aktionen von Martini bis Silvester
stimmungsvoll erleben

Illustrationen: Kasia Sander

Ökotopia Verlag, Münster

Impressum

Autorin   Sybille Günther

Illustratorin   Kasia Sander

Satz   art applied • Medienproduktion Hennes Wegmann, Münster

Notensatz   Ja.Ro. Music, Taunusstein

ISBN   978-3-86702-088-6

 ... und dazu die CD zum Buch von Wunderbundt:

Himmlische Zeiten für Kinder!
Lieder und Geschichten zur Weihnachtszeit

ISBN 978-3-86702-089-3

Inhalt

Das Weihnachtsgeheimnis

Was passiert da eigentlich mitten im Winter mit uns, mit der Natur und nachts, wenn alle Kinder schlafen? Wie war das noch mal mit Weihnachten? Was bedeutet uns das Krippenspiel, das immer wieder viele Kinder in der Gemeinde eifrig proben, und der Organist bemüht ist die richtige Tonlage für die hohen Kinderstimmchen zu treffen. Ich glaube, das hat irgendwas mit Liebe zu tun. Muss es auch, weil sich alle Leute so Mühe geben, dass es auch ja was wird mit dem Fest! Dabei übersehen manche von ihnen leider, dass die Liebe in den kleinen Dingen steckt, die sich meist ganz anders zeigen, als wir es erwartet haben.

Um herauszufinden, was Weihnachten eigentlich so ausmacht, begab ich mich auf die Suche nach dem Weihnachtsgeheimnis. Bei dieser Suche traf ich ganz unterschiedliche Leute: eine Märchenerzählerin in einem Kaufhaus, einen Trompeter, der in der Fußgängerzone Weihnachtslieder spielte, einen Benediktinermönch in einem Kloster und noch viele andere. Alle Menschen, die mir so begegneten, halfen mir, das Weihnachtsgeheimnis ein wenig zu lüften. Drum erzähle ich in diesem Buch einfach die Geschichten von den Leuten, die mir in der Weihnachtszeit so begegneten und die irgendetwas mit Weihnachten zu tun haben.

Auf meiner Suche nach Weihnachten begab ich mich auch ins Erzgebirge, denn, so sagten mir die Leute, hier sei Weihnachten das ganze Jahr zu finden, es sei noch ein bisschen so wie früher, so wie in der guten, alten Zeit. Also, dachte ich, nix wie hin ins Weihnachtsland. Hier begegnete ich Menschen, die das ganze Jahr über Weihnachtsvorbereitungen treffen. Auch haben die Erzgebirgler besonders tief verwurzelte Weihnachtsbräuche. So habe ich ihnen über die Schulter geschaut und allerlei Geschichten, Basteleien, Spielideen und so manches Lied aus dem Weihnachtsland für euch mitgebracht.

Nach meiner langen Suche kann ich euch eines versichern: Weihnachten kommt nicht von oben, unten, von rechts oder links. Weihnachten kommt von innen. Wenn wir das das nicht vergessen, macht die Adventszeit Groß und Klein richtig Spaß! Dann können wir altes, liebgewordenes Brauchtum wieder neu beleben und uns Zeit nehmen für die Kinder in der Weihnachtszeit – und die beschert den Kindern wie uns dann wirklich „Himmlische Zeiten"!

Weihnachtszeit

Nr 2
Text & Musik: Isolde Lommatzsch

1. Weih-nachts-zeit – al-le Kir-chen-glo-cken klin-gen, Weih-nachts-zeit – und man

wünscht sich, dass es schneit. Weih-nachts-zeit, wenn wir al-te Lie-der sin-gen,

Weih-nachts-zeit – und ich weiß, es ist so-weit und ich weiß, es ist so-weit.

Ende der 3. Strophe

und ich weiß, es ist so weit, und ich weiß, es ist so-weit, und ich weiß, es ist so weit!

1. Weihnachtszeit – alle Kirchenglocken klingen,
Weihnachtszeit – und man wünscht sich,
dass es schneit.
Weihnachtszeit – wenn wir alte Lieder singen,
Weihnachtszeit – und ich weiß, es ist soweit.
Und ich weiß, es ist soweit.

2. Weihnachtszeit – viele Tausend Lichter brennen,
Weihnachtszeit – eine Zeit voll Heimlichkeit,
Weihnachtszeit – wenn wir unsre Wünsche nennen,
Weihnachtszeit – und ich weiß, es ist soweit
Und ich weiß, es ist soweit.

3. Weihnachtszeit – und es säuselt durch die Lüfte,
Weihnachtszeit – ist die Pfefferkuchenzeit.
Weihnachtszeit – überall sind süße Düfte,
Weihnachtszeit – und ich weiß, es ist soweit,
und ich weiß, es ist soweit.
Und ich weiß, es ist so weit!

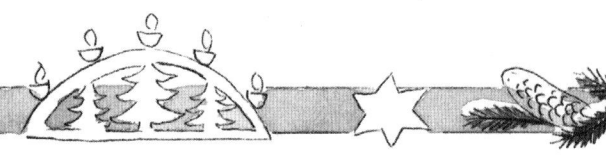

Im Weihnachtsland

Weihnachten war gerade vorbei, als ich mich auf den Weg machte, um Weihnachten zu suchen, schließlich sollte dieses Buch zur nächsten Weihnachtszeit für euch fertig sein. Viele Menschen, die ich traf und nach Weihnachten fragte, rieten mir, doch einmal ins Erzgebirge zu fahren, denn dort sei Weihnachtliches das ganze Jahr zu finden. So kam es, dass ich mitten im Sommer ins Erzgebirge reiste, dorthin, wo das ganze Jahr über Weihnachten zu finden ist. Gleich nach Nürnberg veränderte sich die Landschaft. Die Autobahn lag etwas höher und so konnte ich immer wieder einen Blick auf Felder, Wiesen und Wälder werfen. Die Landschaft sah hier tatsächlich so aus, wie ich sie von den kleinen Modelleisenbahnen her kenne: kleine Dörfchen, liebevoll gepflegte Felder und Gärten.

Ich besuchte Jens und Soldi, denn die beiden leben und arbeiten nicht nur im Erzgebirge und kennen sich aus, sie sollten auch die Musik und Lieder für die „Himmlischen Zeiten für Kinder" machen. Freundlich wurde ich empfangen, bekam Kaffee und Plätzchen und fühlte mich gleich sehr wohl dort unter dem Holzdach der Veranda. Da ich ja Näheres zum Erzgebirge erfahren wollte, hatten sich meine Gastgeber einiges einfallen lassen.

Am Nachmittag noch brachen wir auf, das „Kleine Erzgebirge" zu besuchen. Ihr glaubt es ja nicht. So, wie ich schon auf der Hinfahrt die schmucken Häuschen und Kirchlein bewundert hatte, waren hier in dem Garten nun alle Schlösser und sonstigen Sehenswürdigkeiten des Erzgebirges in Puppenstubengröße zu sehen. Gefertigt war alles in feinster Schnitz- und Drechselarbeit. Und das Beste daran, alle kleinen Holzfigürchen, egal ob Holzarbeiter, Waschweiber und sonstigen Handwerker waren mit einer Mechanik versehen, sodass sie sich tatsächlich bewegten und ihre Arbeit versahen, schmiedeten und hämmerten.

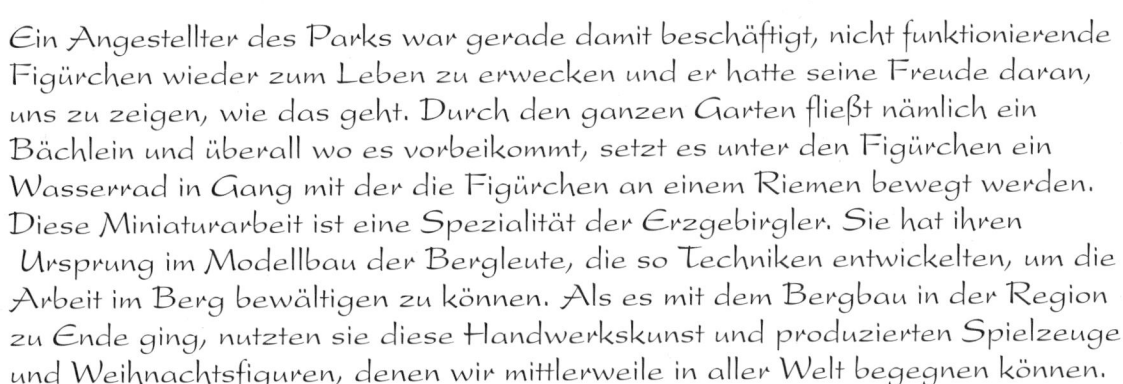

Ein Angestellter des Parks war gerade damit beschäftigt, nicht funktionierende Figürchen wieder zum Leben zu erwecken und er hatte seine Freude daran, uns zu zeigen, wie das geht. Durch den ganzen Garten fließt nämlich ein Bächlein und überall wo es vorbeikommt, setzt es unter den Figürchen ein Wasserrad in Gang mit der die Figürchen an einem Riemen bewegt werden. Diese Miniaturarbeit ist eine Spezialität der Erzgebirgler. Sie hat ihren Ursprung im Modellbau der Bergleute, die so Techniken entwickelten, um die Arbeit im Berg bewältigen zu können. Als es mit dem Bergbau in der Region zu Ende ging, nutzten sie diese Handwerkskunst und produzierten Spielzeuge und Weihnachtsfiguren, denen wir mittlerweile in aller Welt begegnen können.

Dann kam ich nach Seiffen, dem Spielzeugdorf im Erzgebirge. Die Erzgebirgler erzählten mir, dass in der Weihnachtszeit hier kein Durchkommen ist. Erstens liegt meterhoch der Schnee, zweitens gibt es kilometerlange Staus um überhaupt dorthin zu gelangen. Überall im Dorf gibt es kleine Handwerksstuben, in denen Engel, Räuchermännlein, Weihnachtspyramiden und Schwibbögen in Handarbeit gefertigt werden. Eine der Werkstätten konnten wir besuchen und sehen, was die Leute da arbeiten. Es sah tatsächlich aus wie in einer Wichtelwerkstatt. Hier wurde unermüdlich gehämmert, gebohrt, geschnitzt, gefeilt, gesägt, gedrechselt, gemalt und geklebt, damit an Weihnachten ja auch alles fertig ist. Im Untergeschoss werden die groben Teile ausgesägt, es wird gedrechselt, gebohrt und gefeilt. Viele Männer drehen unermüdlich die dazugehörenden Maschinen. Im zweiten Stock werden die Einzelteile zusammengefügt. Kleine Flügel werden montiert, damit sich die Pyramiden später im Kerzenlicht auch drehen, Bögen werden ausgefräst, damit hierauf Kerzen stehen können und so weiter.
Im dritten Stockwerk machen viele Frauen die Feinarbeit. Da bekommen Engelfiguren weiße Hemden angemalt, winzige Nasen werden angeklebt und Josef, Maria, und das Christkind, ja selbst Hirten, kleine Könige und Kamele in Miniatur werden auf die verschiedenen Etagen der Weihnachtspyramide gesetzt. Eine Frau fertigt am Tag 50 solcher Pyramiden, drum sind diese nicht billig so ganz in Handarbeit hergestellt. Ich kaufte mir so ein paar Räucherkegelchen vom guten Crottendorfer Tannenduft, denn das sind die besten.
Am Abend saß ich dann noch lange in die Nacht hinein mit den Erzgebirglern in der Stube am Kamin, bei einem schönen Essen, am großen Tisch, im Kerzenschein, und dem herrlichen Duft des Räucherkegelchens, da haben wir uns mitten im Sommer ausgemalt, wie wir euch davon in unseren Spielen, Geschichten und Liedern erzählen werden ...

Zum Umgang mit dem Buch

Aufbau des Buches

Das Buch folgt in fünf Kapiteln chronologisch den Höhepunkten der Adventszeit mit entsprechenden Legenden, typischen Aktivitäten, besonderen Geschichten der Zeit und – nicht zuletzt – mit seinen Liedern. Das letzte Kapitel ist der Zeit zwischen den Jahren gewidmet und endet nach Dreikönig mit dem Aufräumen der Weihnachtssachen.

Die Kinder werden an allen vorweihnachtlichen Aktivitäten beteiligt – getreu dem Motto: Nicht das Produkt ist entscheidend, sondern das Miteinandertun. So gibt es eine Weihnachtsgärtnerei, eine Weihnachtsbäckerei, eine Weihnachtswerkstatt und eine besondere Wichtelwerkstatt, in der Eltern keinen Zutritt haben!

In dem Buch werden die traditionellen Aktivitäten der Weihnachtszeit mit Kindern auch wirklich zelebriert. Ob wir den Adventskranz gemeinsam binden, lernen Geschenke einzupacken oder zusammen Weihnachtsplätzchen backen – alles passiert immer in einer schönen stimmungsvollen At-mosphäre, bis hin zur Gestaltung eines Weihnachtsmarktstandes, an dem die mit den Kindern gefertigten Dinge angeboten werden ... Natürlich dürfen jede Menge Naschwerk und eine Vielzahl von leckeren Heißgetränken dabei nicht fehlen.

Nur bei ein paar Heimlichkeitsdingen sind die Kinder nicht beteiligt, das muss so sein, denn keine Zeit im Jahr ist so voller Spannung, Erwartung und voller Überraschungen ...

Das Buch ist geschrieben für Weihnachten zuhause, im Kindergarten, in der Schule und allen anderen Einrichtungen, um überall familiäre Weihnachten zu erleben. Auf Altersangaben bei den einzelnen Aktivitäten habe ich diesmal verzichtet. Sinn des Buches ist es altersübergreifend gemeinsam Weihnachten zu erleben. Grundsätzlich sind alle Aktivitäten mit Beteiligung von Kindern ab 4 Jahren möglich. Und wer etwas nicht alleine schafft, na, dem wird einfach geholfen!

Was erzählt uns Weihnachten?

Das Wort Weihnachten geht auf das mittelhochdeutsche „Wihenacht" (geweihte Nacht) zurück. Die „Heiligen Nächte" wurden schon von den Germanen zur Zeit der Wintersonnenwende im Dezember gefeiert. Die Wintersonnenwende am 21. Dezember war das erste Fest im Jahreskreis und zugleich auch das letzte. Mitten im Winter endet der Jahreskreis in der tiefsten Dunkelheit mit der längsten Nacht – und beginnt in diesem Augenblick neu: Von jetzt an nimmt das Licht wieder zu, werden die Tage wieder länger. Gefeiert wurde die Wiedergeburt des Lichtes.

Im christlichen Brauchtum wird die Geburt Christi gefeiert. Im christlichen Weihnachtsfest finden wir die Symbolik im brennenden Licht am Weih-nachtsbaum wieder, als Sinnbild für das in der Welt erschienene Licht Christus.

Die Geschichten in diesem Buch sind so geschrieben, dass sie zum (Weiter-)Erzählen anregen. Sie ermuntern die Kinder nachzufragen, was es denn auf sich hat mit der Weihnachtszeit, wie Weihnachten gefeiert werden kann, was an Weihnachten im Vordergrund steht, wie Kinder woanders andere Weihnachten feiern ... und so weiter.

Damit die Geschichten diese Wirkung haben, hier ein paar Hinweise dazu, wie die Vorlesezeit für die Kinder tatsächlich zu Erzählstunden werden können.

Drei goldene Regeln für Erzählstunden

1. Atmosphäre schaffen – dem Vorlesen Zeit und Raum geben

- Eine gemütliche Ecke (Sofa, Kuschelecke oder viele Kissen) so richten, dass die Kinder sich bei der Geschichte anlehnen oder es sich mit einer Decke und einem Kissen gemütlich machen können, denn Vorlesestunden sind „Gemütsstunden"!
- Ein Kerzlein entzünden.
- Vielleicht etwas zum Naschen dazustellen oder ein warmes Getränk (s. S. 40, 52, 70, 84).
- Darauf achten, dass für diese Zeit drum herum wirklich Ruhe einkehrt, d. h. Telefonklingeln wird einfach überhört, alle anderen Dinge werden später erledigt.

2. Das Vorlesen vorbereiten

- Die Geschichte vorher alleine durchlesen, damit ein Gefühl für die Geschichte entsteht, so wird sie später auch gefühlvoll vorgelesen.
- Sich dabei schon Gedanken machen, was die Geschichte aussagt, auf welche Themen sie eingeht. Dabei erinnern, welche ähnlichen Erfahrungen gemacht wurden. So kann nach dem Vorlesen auf Nachfragen der Kinder besser reagiert und Kinder durch Fragen zum Erzählen animiert werden.
- Beim eigentlichen Vorlesen Zeit lassen, aktuell auf Fragen der Kinder eingehen und da Erklärungen geben, wo etwas nicht verstanden wird.

3. Durch Nachfragen ins Plaudern kommen

Um mit Kindern ins Gespräch zu kommen, stellen wir einfache Fragen.

Die erste Frage ist natürlich: „Hat euch die Geschichte gefallen?" Um die Kinder zum Sprechen über den Sinn der Geschichte anzuregen, greifen wir verschiedene Aspekte der Geschichte wieder auf.

Beispielsweise könnten wir bei der folgenden Geschichte fragen, wer denn schon bei Weihnachtseinkäufen dabei war und wie das war, ob die Kinder schon mal bei einer Märchenstunde von einer Märchenerzählerin zugehört haben, was denn das Märchen erzählt, was denn „Liebe" oder „Frieden" oder „Glaube" oder „Hoffnung" meint. Was der Unterschied für sie ist, zwischen der Zeit, die sie bei einem Einkaufsbummel verbringen, und der Zeit bei einer Märchenstunde und so weiter.

Die Märchenfrau im Einkaufsland

Das ganze Jahr hindurch herrscht im Kaufhaus geschäftiges Treiben – und besonders in der Weihnachtszeit treffen wir dort Große wie Kleine auf der Suche nach allerlei Passendem zum Weihnachtsfest.

Mitten in diesem Trubel entdecke ich eine Frau, die mit viel Sack und Pack das große Kaufhaus betritt. In der Abteilung für Kinderbekleidung macht sie zwischen prall gefüllten Kleiderstangen und Schuhregalen Halt und beginnt damit ihre Sachen auszupacken. Die Kleiderstangen schiebt sie im Halbrund zusammen, stellt rechts und links davon zwei selbst geschnitzte Holzfiguren als Hüter ihres Reiches auf. Vor die Kleiderstangen stellt sie einen bequemen Sessel und legt drum herum viele gemütliche Sitzkissen. In die Mitte des so entstandenen Kreises legt sie alles mögliche auf Tücher: Federchen, eine Räucherschale, allerhand Wurzelwerk ganz besondere Steine, eine Trommel, Glöckchen und auch einen Adventskranz mit vier Kerzen.

Währenddessen geht es nebenan in der Spielecke drunter und drüber. Kinder purzeln im Kugelbad herum und immer wieder rennen einige die Rutsche hoch, um im nächsten Moment jubelnd wieder herunter zu rutschen. Ein Kind quengelt, weil es lieber in die Spielecke möchte statt Hosen anzuprobieren ...

Erst jetzt erkenne ich die Frau. Es ist die Märchenfrau! Das ganze Jahr reiste sie mit ihrem Märchenbus von Ort zu Ort. Unter freiem Himmel baute sie ihre Jurte auf und erzählte drinnen dann Kindern wie Erwachsenen alt vertraute und auch weniger bekannte Märchen.

Da erklingt ein Glöckchen. Die Kinder halten inne und schauen sich neugierig um. Die Märchenfrau hält einen großen Reifen in Regenbogenfarben und lädt alle Kinder ein, hier durchzusteigen, um in den Märchenkreis zu gelangen. Sie begrüßt dabei jedes Kind, indem sie ihre Räucherschale rechts und links am Körper des Kindes vorbeiführt, ganz so, als wolle sie den ganzen Weihnachtsrummel im Kaufhaus von ihnen abstreifen.

Wie nun alle Kinder es sich auf den Kissen oder Mutters Schoß gemütlich gemacht haben, nimmt die Märchenfrau ein ganz feines Windspiel zur Hand. Seine silberglänzenden Klangstäbe fangen leise an zu klingen, als wäre es eine kleine Himmelsharfe. Unterstützt vom Klang der feinen Stäbe erzählt die Märchenfrau nun die Reise ins Märchenland. In der Fantasie klettern die Kinder einen Regenbogen hinauf und wie sie ganz oben angekommen sind, rutschen sie den Regenbogen hinunter mitten auf eine schöne Wiese mit tausend blühenden Blumen. Da entdecken sie das goldene Märchentor. Mit einem goldenen Schlüssel öffnen sie gemeinsam das Tor – sie sind im Reich der Märchen angelangt.
Als ihr Blick auf den Adventskranz fällt, da erzählt die Märchenfrau das Märchen von den vier brennenden Kerzen darauf: „Wenn ihr ganz leise seid, dann könnt ihr die Kerzen flüstern hören. Die erste Kerze stellt sich vor: ‚Ich bin die Kerze der Liebe, doch ach, es gibt keine Liebe mehr unter den Menschen.' Da kommt ein rauer Windstoß von irgendwo her und die Kerze erlischt.
Die zweite Kerze stellt sich vor: ‚Ich bin die Kerze des Glaubens, doch ach, die Menschen glauben an rein gar nichts mehr.' Da kommt ein rauer Windstoß von irgendwo her und auch diese Kerze erlischt.
Da flüstert die dritte Kerze: ‚Ich bin die Kerze des Friedens, doch ach, es herrscht kein Friede unter den Menschen!' Da kommt ein rauer Windstoß von irgendwo her und bringt auch diese Kerze zum Erlöschen.
Ein Kind im Kreis hält das nicht mehr aus und sagt empört: ‚Ihr könnt doch nicht einfach ausgehen, ihr Kerzen für Liebe, Glaube und Frieden.' Da mischt sich die vierte und letzte Kerze ein: ‚Liebes Kind, hab keine Sorge, solange ich brenne, gibt es noch Hoffnung unter den Menschen, denn ich bin die Kerze der Hoffnung!' Schnell nimmt das Kind diese Kerze und zündet mit ihr auch die drei anderen wieder an."

Nach der Märchenstunde höre ich, wie sich zwei Verkäuferinnen der Abteilung unterhalten: Wie sie von der himmlischen Ruhe schwärmen, die sie während der Märchenstunde genießen konnten, und wie sie beide davon überzeugt waren, dass kein Einkauf jemals solch einen Glanz in Kinderaugen bringen konnte.

Die Märchenfee

Ich bin die wei-se Mär-chen-fee. Ent-zün-de dir ein klei-nes

Licht und nimm ein Buch zur Weih-nachts-zeit, du lie-bes Kind, dann

kom-me ich. Ich füh-re dich ins Mär-chen-land. Du

lie-bes Kind, nimm mei-ne Hand! Tauchst du in mei-ne

Welt hi-nein, wirst du ein Teil des Wun-ders sein.

„Es war ein-mal zur Win-ter-zeit...", be-gin-ne ich, bist

du be-reit? Heut' kannst du die Prin-zes-sin sein mit schwar-zem Haar

und Klei-dern fein. So weiß wie Schnee, so rot wie Blut und am

En-de wird al-les gut, und am En-de wird al-les gut.

Ich bin die weise Märchenfee.
Entzünde dir ein kleines Licht
und nimm ein Buch zur Weihnachtszeit!
Du liebes Kind, dann komme ich.

Ich führe dich ins Märchenland.
Du liebes Kind, nimm meine Hand!
Tauchst du in meine Welt hinein,
wirst du ein Teil des Wunders sein.

„Es war einmal zur Winterzeit ...",
beginne ich, bist du bereit?
Heut' kannst du die Prinzessin sein
mit schwarzem Haar und Kleidern fein.
So weiß wie Schnee, so rot wie Blut,
und am Ende wird alles gut,
und am Ende wird alles gut.

Ich bin die weise Märchenfee.
Entzünde dir ein kleines Licht
und nimm ein Buch zur Weihnachtszeit!
Du liebes Kind, dann komme ich.

Es war einmal zur Winterzeit,
ein Schneesturm trägt dich fort, so weit,
die Königin von Eis und Schnee
erfriert dein Herz – es tut so weh!
Erlösung kommt durch Liebe und Mut,
und am Ende wird alles gut,
und am Ende wird alles gut.

Ich führe dich ins Märchenland.
Du liebes Kind, nimm meine Hand!
Tauchst du in meine Welt hinein,
wirst du ein Teil des Wunders sein.

„Ankommen in der Weihnachtszeit"

Die Adventszeit umfasst im christlichen Kirchenjahr die Vorbereitungszeit auf die Ankunft Christi. Advent vom lateinischen *adventus* heißt Ankunft. Ursprünglich war dies eine Fastenzeit, die vom 11. November (Martini) bis zum 6. Januar ging, dem ursprünglichen Geburtsfest Christi. Und pünktlich zum 11.11. begann im alten Brauchtum die Lichter- und Spinnstubenzeit. Auf den Feldern war alles getan. Die Menschen zogen sich ins Haus zurück und werkelten, bastelten und handarbeiteten fortan in der Lichterstube. Früher gab es nämlich in den Häusern oft nur eine Stube, die beheizt werden konnte und in der das Licht brannte. Aber das hatte auch was richtig Geselliges, besonders wenn einer der ganzen Runde vorlas, während die anderen dabei vor sich hin werkelten.

Auch heute noch fangen wir nach St. Martin an, uns so langsam über die Weihnachtsvorbereitungen die ersten Gedanken zu machen.

So, wie die Natur sich in die Erde zurückzieht, viele Tiere in Winterschlaf gehen, ziehen auch wir uns in die Häuser zurück und machen es uns hier gemütlich.

In der Adventszeit schmücken wir unser Haus mit immergrünen Zweigen, so wie es schon unsere Vorfahren getan haben, um uns selbst Hoffnung zu machen, dass der nächste Frühling bestimmt kommt. So gilt Grün auch als die Farbe der Hoffnung.

Draußen ist es nun ungemütlich kalt, die geringe Sonnenscheindauer lässt uns früh im Dunkeln aufstehen und auch am Abend wird es früh wieder dunkel, lange bevor wir ins Bett gehen. Und so ist es auch seit jeher Brauch, dass mit der dunklen Jahreszeit auch die Lichterzeit in den Häusern beginnt.

Gegen die Kälte und Erkältungsgefahr trinken wir manch heißen Tee und Punsch, um uns von innen aufzuwärmen und um genügend Vitamine in der vegetationsarmen Zeit zu uns zu nehmen. So beginnt mit der Lichterzeit auch die Tee- und Gewürzzeit in den Häusern. Im Haus duftet es nach Zitrone, Orange, Hollersaft – alles Früchte mit hohem Vitamin C-Gehalt – und nach Zimt, Kardamom, Nelken, Ingwer – alles Gewürze, die von innen erwärmen und die Widerstandskräfte stärken.

Genug zu tun gibt es für alle bis Weihnachten: das Haus schmücken, weihnachtliche Dinge basteln, uns über unsere Wünsche klar werden, an andere denken, Plätzchen backen, kleine Geschenke vorbereiten – na und natürlich an die denken, die draußen noch unterwegs sind.

Turmblasen

Während der Adventszeit ist es vor allem evangelischer Brauch, den heiligen Christ „herabzublasen", d. h. ein Adventsblasen mit Blechbläsern und vor allem mit Posaunen zu veranstalten. Wo möglich, geschieht dies von Kirchtürmen herab oder auch in den Kirchen.

Die Wurzel dieser Tradition geht ins 14. Jahrhundert zurück, als Turmwächter in den Städten Wache hielten und jede volle Stunde als Zeichen ihrer „Wachsamkeit" in ein Horn bliesen. Damals wurden diese ersten Blasinstrumente aus Kuhhorn gefertigt und hießen einfach „Türmerhorn". Als nun im 15. Jahrhundert Glocken in den Kirchtürmen eingeführt wurden, die die Stunden anzeigten, verlor das Türmerhorn zum Stundenblasen an Bedeutung, wurde aber zum Zeichen der Wachsamkeit und zum Alarmschlagen bei Feuer oder feindlichen Übergriffen noch ausgeführt. Seit dem 16. Jahrhundert gibt es nun metallene Blasinstrumente wie zum Beispiel die Trompete. Die früheren „Stadtmusikanten" oder auch „Stadtpfeifer" übernahmen nach der Reformation neben dem Turmblasen die Aufgabe, die singende Gemeinde im Gottesdienst in protestantischen Kirchen zu unterstützen.

So hat es sich eingebürgert, dass wir gerade zur Weihnachtszeit gerne Blasinstrumente hören und so mancher Trompeter ist auch heute noch bei Weihnachtskonzerten in der Kirche zu hören. Aber nicht nur da. Heute hören wir die Blasinstrumente auch auf Weihnachtsmärkten oder die Musiker spielen in der Weihnachtszeit als Straßenmusiker in den Fußgängerzonen der Innenstädte.

Der Trompeter

Immer um die Weihnachtszeit putzt der Trompeter sorgfältig seine Trompete, packt sie in ihren Koffer und fährt am Morgen los. Wohin weiß er noch gar nicht so genau – er kennt alle Innenstädte der weiteren Umgebung und lässt sich einfach von seinem Gefühl leiten. Er nimmt die Autobahn und nach einigen Kilometern entscheidet er sich spontan für eine Ausfahrt. Er fährt Richtung Innenstadt, sucht sich einen Parkplatz, nimmt seinen Trompetenkoffer und zieht los. In den Straßen herrscht geschäftiges Treiben. Viele Menschen, bepackt mit prallen Einkaufstüten, laufen an den weihnachtlich dekorierten Schaufenstern entlang, um im nächsten Kaufhauseingang wieder zu verschwinden, die letzten Geschenke der langen Einkaufsliste zu besorgen. Auf dem ersten Platz, den er ansteuert, spielt schon eine Musikgruppe. Nickend begrüßt er die Gruppe. Die Musiker lächeln entschuldigend zurück, indem sie während ihres Spiels leicht mit den Schultern zucken. Schade, der Platz ist schon besetzt – vielleicht später ... Er erinnert sich an die Buchhandlung vom letzten Jahr. Der Ladeninhaber dort war nett – nicht überall sind Straßenmusiker geduldet. Er findet die Buchhandlung ein paar Straßen weiter. Auf der gegenüberliegenden Seite legt er seinen Koffer behutsam ab, öffnet ihn und greift zur Trompete. Er spielt sie mit ein paar flüchtigen Tönen ein und setzt an zum ersten Weihnachtslied. Die Töne der Trompete erheben sich sanft über die vorbeilaufende Menge. Durch die Straßen ist leise seine Melodie zu hören. Sie wirkt nicht aufdringlich, doch jeder, der sie hört, fühlt sich von ihr irgendwie angezogen und an etwas längst Vergessenes erinnert. Die Melodie stimmt ein wenig melancholisch und gleichzeitig ist sie so gefühlvoll. Und, obwohl kaum einer den Text kennt, spüren alle, dass dieses Lied frohe Weihnachten wünscht, dass es von der Freude erzählt, dass an Weihnachten wieder alle zusammen sind. Die ersten Münzen klingen im Trompetenkoffer und als ein kleines Mädchen die Mutter an der Hand zum Koffer zieht, um selbst auch eine Münze hineinzuwerfen, nickt der Trompeter ihr dankend zu.

Leise klingen meine Weihnachtslieder

Nr. 19
Text & Musik: Isolde Lommatzsch

1. Lei - se, lei - se klin - gen mei - ne Weih - nachts - lie - der.

Mei - ne Trom - pe - te, du sollst ih - re Sän - ge - rin sein!

Und so hö - ren al - le dei - ne Stim - me wie - der.

Lasst ih - re Tö - ne auch in eu - re Her - zen hi - nein.

Auf dem Markt-platz hört man mei - ne Trom - pe - te klin - gen.

An-däch-tig lau - schen die Leu-te und blei - ben stehn.

Und es ist, als wür - den sie nun mit dir sin - gen:

Bald kommt die Weih - nacht, das Wun-der wird wie-der ge - schehn. schehn.

Leise, leise klingen meine Weihnachtslieder.
Meine Trompete, du sollst ihre Sängerin sein!
Und so hören alle deine Stimme wieder.
Lasst ihre Töne auch in eure Herzen hinein!

Auf dem Marktplatz hört man meine Trompete klingen.
Andächtig lauschen die Leute und bleiben stehn.
Und es ist, als würden sie nun mit dir singen:
Bald kommt die Weihnacht, das Wunder wird wieder geschehn.
Bald kommt die Weihnacht, das Wunder wird wieder geschehn.

Aus der Weihnachtsgärtnerei:
Das Haus für die Weihnachtszeit schmücken

Bei einem Waldspaziergang sammeln wir zusammen mit den Kindern Tannenzweige, die können wir für den Adventskranz und auch sonst zum Schmücken gut brauchen. Auf den Waldwegen finden wir Tannenzapfen, Moos, kleine Hölzchen und Rindenstücke, schöne Steine. Alles findet Verwendung für unsere heimische Weihnachtsgärtnerei. Andere immergrüne Pflanzen wie Ilex oder Buchsbaum finden wir im Garten. An den Rosensträuchern haben sich Hagebutten gebildet, auch die können wir gut zum Schmücken verwenden. Vielleicht liegen hier und da noch ein paar Nüsse, aber die haben wir bestimmt schon im September ins

Haus geholt. Die Tannenzapfen legen wir auf die Heizung, dann gehen sie in der Wärme schnell auf. Alle anderen Fundstücke lassen wir bis zur Verarbeitung draußen am Haus liegen, dass alles möglichst lang frisch bleibt. Nach und nach wird damit für drinnen der Adventskranz gebunden, werden Kerzen gefertigt oder Paradiesgärtlein angelegt.
So breitet sich im Haus die Gemütlichkeit aus – besonders bei Kerzenlicht. Auch für draußen werden die Kinder aktiv: Sie gestalten winterliche Szenerien in Blumenkästen vor dem Fenster und hängen für die Vögel der Umgebung Meisenzweiglein auf.

Eine Besonderheit der Erzgebirgler ist es, sogenannte **Paradiesgärtlein** anzulegen. Der 24. Dezember war nach christlicher Tradition der Tag Adams und Evas, deshalb wurden sie oft inmitten von zahlreichen Tieren dargestellt. Daraus entwickelten sich schließlich die erzgebirgischen „Weihnachtsberge", die aus knorrigen Ästen und Wurzeln, Moos … kunstvoll zu „Bergen" aufgetürmt und gestaltet waren. Sie heißen auch Christgarten, Weihnachtsgarten, Moosgarten, Tiergarten oder schlicht Garten. Immer ist ein Zaun darum herum. Die Gestaltung des Gartens bleibt jedem selbst überlassen. So finden sich sowohl einheimische wie exotische Tiere als auch menschliche Figürchen paradiesisch friedlich nebeneinander. Größere Steine bilden Grotten oder Höhlen, ansonsten ist der Garten mit allerlei Naturmaterialien als Pflanzen und Bäume gestaltet.

Ein Paradiesgärtlein anlegen

Für Kinder ist das die Gelegenheit alle ihre Spielfigürchen in einem paradiesischen Garten zu vereinen.

Material: Naturmaterialien (Zweige, Moos, Steine usw.), Figürchen wie vorhanden (Zootiere, Waldtiere, menschliche Figürchen …), Grundplatte (Bilderrahmen, Blumenkastenuntersetzer, Schuhkartondeckel o. Ä.), Steinkleber

Die Kinder legen ihre Grundplatte mit Moos aus. Aus Steinen bauen sie eine Grotte oder Höhle. Aus Zweigen oder Tannenzapfen gestalten sie kleine Büsche und Bäume. Mit ihren Figürchen beleben sie den Paradiesgarten. Drumherum binden oder kleben sie einen Zaun aus kleinen Stöckchen.

Der Brauch, einen **Adventskranz** zu binden, ist relativ jung. Er geht auf J. H. Wichern zurück, der 1838 in seinem „Rauhen Haus", einem Kinderheim, jeden Tag im Advent eine Kerze auf einen Holzkranz setzte und entzündete. An Weihnachten erhellte dann ein großer Lichterkranz den Raum. Ab 1860 wurde der Holzkranz mit Tannenzweigen umwunden. Ab dieser Zeit war es Brauch, jeweils an den Adventssonntagen eine neue Kerze zu entzünden. So stehen heute vier Kerzen auf dem Adventskranz, die uns die Zeit bis Weihnachten etwas strukturieren.

Gemeinsam den Adventskranz binden

Material: Strohkranz (Bastelladen), Tannenzweige, Gartenschere, kleine Gartenhandschuhe, weicherer Wickeldraht, festerer Blumendraht (jeweils 10 cm lang), rotes Band, 4 Stumpenkerzen (s. a. *Adventskerzen gießen, S. 21*), nach Belieben weitere immergrüne Zweige, Tannenzapfen, Walnüsse, nicht zerkleinerte Gewürze (Sternenanis, Nelken, Zimtstangen), getrocknete Orangenscheiben, feiner Golddraht (Bastelladen)

Die Kinder ziehen die Gartenhandschuhe an und schneiden mit der Gartenschere etwa 20 cm große Tannenzweiglein von den großen Tannenzweigen ab. Auch mit den anderen immergrünen Pflanzen verfahren sie so.

Die Kinder reichen einem Erwachsenen nun nacheinander die Zweiglein zum Binden, sie suchen dafür zunächst die allerschönsten aus, die in der Mitte auch die Tannenspitze haben. Der Erwachsene bindet die Tannenzweige von links nach rechts mit dem Blumendraht um den Strohkranz. Dabei ist es am besten, jeweils ein Zweiglein in der Innenseite, eines an der Außenseite und das schönste auf der Oberseite des Kranzes zu legen,

um dann alle drei gleichzeitig zu umwickeln. So decken die Zweiglein nach und nach den Strohkranz ab, wie Dachziegel den Dachstuhl.

Ist der Adventskranz nun komplett mit immergrünen Zweigen bedeckt, geht es an schmückende Details nach Belieben, die von den Kindern vorbereitet werden, z. B.:

- Die Gewürze mit goldenem Blumendraht umwickeln.
- In die Unterseite der Walnüsse einen festen Blumendraht schieben.
- Die Tannenzapfen am unteren Zapfenrand mit weichem Blumendraht umwickeln.
- Die getrockneten Orangenscheiben mit einer Schlaufe des weichen Blumendrahtes in der Mitte fixieren.

All diese so vorbereiteten Naturmaterialien reichen die Kinder dem Adventskranzbinder, der sie auf dem Kranz so arrangiert, dass am Ende noch genügend Platz bleibt für die vier Adventskranzkerzen. In den Kerzenboden starken Draht ca. 5 cm tief bohren, die Kerzen symmetrisch auf den Kranz setzen und mit dem Restdraht den Strohkranz durchbohren und das Ende auf der Unterseite des Kranzes so umbiegen, dass jede Kerze einen sicheren Stand hat.

Zum Schluss vier rote Schleifen binden und ebenfalls mit Draht am Kranz befestigen.

Puppenadventskranz binden

Dieser Kranz kann, mit einer roten Schleife verse-hen, die eigene Zimmertür schmücken oder er kommt mit Puppenkerzen bestückt bei der Pup-penweihnachtsfeier (vgl. S. 100) auf die Tischmitte.

Material: Tannen- und Dekoreste von oben, evtl. rotes Band, evtl. Puppenlichter mit Stecker, Blumendraht

Die Kinder binden aus den Resten des großen Adventskranzes noch einen eigenen kleinen Ad-ventskranz.
Dazu wickeln sie aus Blumendraht erstmal einen Kranz von etwa 10 cm Durchmesser. Sie wickeln kleine Tannenstücke von etwa 5 cm Länge herum, bis der kleine Adventskranz auch an Form ge-winnt, und dekorieren ihn dann nach Belieben mit Bändern, Gewürzen ...

Adventskerzen gießen

Material: Kerzenreste, Blumentöpfe aus Ton mit Loch im Boden, großer Knopf, Klebeband, Schaschlikstäbe o. Ä., Docht, 1 alter Kochtopf, starker Blumendraht

Die Kinder fädeln zuerst den Docht durch den Knopf und verknoten diesen. Das andere Ende des Dochtes fädeln sie durch das Bodenloch des Blu-mentopfes, so dass der Knopf diese Öffnung ver-schließt. Sicherheitshalber mit etwas Klebeband fixieren. Sie ziehen den Docht im Blumentopf stramm und wickeln dabei das obere Ende des Dochtes um einen Schaschlikstab, bis dieser fest auf dem Topfrand aufliegt. Den Docht evtl. mit etwas Klebeband fixieren
Ein Erwachsener erhitzt das Wachs im Kochtopf und bringt es zum Schmelzen. Nun behutsam in den Blumentopf gießen. Erkalten lassen.
Nach dem Erkalten „stürzen" die Kinder die Kerze aus dem Topf – fertig ist eine Kerze.
Hinweis: Soll die Kerze für den Adventskranz sein, einen 20 cm langen Blumendraht ca 5 cm tief unten hinein bohren. Vier Adventskerzen auf den Adventskranz stecken.

Bienenwachskerzen ziehen

Die Prozedur des Kerzenziehens dauert zwar eine Weile, die Kinder sind aber so begeistert von ihrer wachsenden Kerze, dass sie gerne die Geduld dafür aufbringen.

Material: Bienenwachs (Imker oder Bastelgeschäft), Docht (Bastelgeschäft), Haushaltskerzen, 1 hoher Kochtopf, Herd, Tisch, feuerfeste Unterlage, Haushaltsrolle zum Abtropfen der Kerzen

Dauer: 20 Minuten pro Kerze

Hinweis: Da Bienenwachs recht teuer ist, verwenden wir eine Mischung aus 1/4 Bienenwachs mit 3/4 Paraffin (Haushaltskerzen). Der Docht der Haushaltskerzen kann für das Kerzenziehen gleich weiterverwendet werden.

Vorbereitung: Die Haushaltskerzen brechen und zerbröckeln und mit dem Bienenwachs in den Topf geben, diesen auf den Herd stellen und auf kleiner Flamme das Wachs verflüssigen. Ist das Wachs geschmolzen, den Topf mit flüssigem Wachs auf eine feuerfeste Unterlage in die Mitte des Tisches stellen.

Jedes Kind erhält einen Docht. Am Dochtende einen Knoten binden.

Alle Kinder stehen rund um den Tisch. Sie tauchen ihren Docht in das Wachs, ziehen ihn wieder nach oben und lassen das Wachs am Faden etwas antrocknen, bevor sie ihn erneut eintauchen ... Diese Prozedur geht so lange, bis die Kerze dick genug ist.

Sollte das Wachs im Topf erkaltet sein, stellt ein Erwachsener den Topf zwischendurch kurz auf den Herd ...

Die fertige Kerze zum Trocknen auf das Haushaltspapier legen.

Die Bienenwachskerzen eignen sich für den *Schwibbogen* (S. 35), das *Zwergenbergwerk* (S. 35), den *Weihnachtsbasar* (S. 60) oder auch als *Geschenk* (Wichtelwerkstatt S. 76)

Die europäische **Mistel**, ein Halbparasit auf Laubbäumen, ist von Südskandinavien bis Nordwestafrika verbreitet. Als Heilpflanze bereits in der Antike bekannt, wurde sie vor allem bei den Kelten hoch verehrt. Die Druiden schnitten sie im Rahmen der winterlichen Sonnwendfeiern ab, die später verteilt in den Häusern aufgehängt wurden. Der Mistel wurden Zauberkräfte zugesprochen: Sie sollte Dämonen abwehren und Glück bringen. Man brachte die Mistel als Freundschafts- und Friedenssymbol in die Nachbarhäuser. Bekannt ist der Brauch, dass man sich unter der Mistel küsst.

Küssen unterm Mistelzweig

Material: Mistelzweig, rotes Band, Nagel, Hammer

Den Mistelzweig mit Hammer, Nagel und Band über dem Eingang aufhängen. Während der Weihnachtszeit gilt: Wessen Wege sich im Eingang kreuzen, darf sich küssen ...

Waldlichtung im Blumenkasten

Längst sind die Sommerblumen in den Blumenkästen verblüht. Warum also nicht auch hier ein besonderes „Paradiesgärtlein" anlegen.

Material: Tannenzweige und andere immergrüne Zweige (Buchs, Ilex u. Ä.), Moos, Steine, Tannenzapfen, kleine Stöckchen für eine Futterkrippe, etwas Stroh oder Heu, Schnur oder Draht, Tierfigürchen (Rehe, Hirsche, Wildschweine ...), evtl. Lichterkette für außen, Blumenzwiebeln (kleinwüchsige Krokusse, kleine Tulpen und Narzissen, Anemonen ...)

Die Kinder entfernen verblühte Pflanzenteile aus den Blumenkästen. Mit dem Finger bohren sie kleine Löcher und stecken die Blumenzwiebeln in die Erde – das veranschaulicht ihnen, dass die Natur nun über Winter in der Erde „ruht". Und welch eine Überraschung, wenn dann zum Frühling die ersten grünen Spitzen aus der Erde gucken!

Sind alle Blumenzwiebeln im Boden, stecken die Kinder Tannen- und andere Zweige als „Wald" in die Blumenkästen. In der Mitte lassen sie Platz für eine „Waldlichtung". Den Boden legen sie hier mit Moos aus. Sie binden aus den Stöckchen eine Futterkrippe (s. Abb.), füllen sie mit Stroh oder Heu und stellen sie in die Mitte der Waldlichtung. Die Waldtiere verstecken sie im Unterholz oder lassen sie an der Futtergrippe fressen.

Mit einer Außenlichterkette kann die kleine Waldszene wirkungsvoll in den Abendstunden illuminiert werden.

Futterkrippe

23

Der Oberförster Roderich

● Nr. 8
Text & Musik: Isolde Lommatzsch

Refrain: *Der Oberförster Roderich*
deckt heut in seinem Wald den Tisch;
drum stapft er durch den Winterwald
zur Krippe hin, sein Ruf erschallt:
Ihr Tiere, wenn ihr Hunger habt,
dann kommt und esst euch satt!

1. Kartoffeln, Rüben und ein Kohl,
da freuen sich die Hasen wohl.
Der Bauer hat's gegeben.
„Na, lange soll er leben!"

2. Und in die Krippe gabelt er
'nen Ballen Heu, das ist nicht schwer,
einst war es Gras und Klee.
„Das schmeckt Familie Reh!"

Der Oberförster Roderich
deckt heut in seinem Wald den Tisch;
Ihr Tiere, wenn ihr Hunger habt,
dann kommt und esst euch satt!
Ihr Tiere, wenn ihr Hunger habt,
dann kommt und esst euch satt!

3. Ein Säckchen Eicheln für das Schwein,
die sammelten die Kinder ein,
gesammelt für den Winter.
„Ach, sind das gute Kinder!"

4. Und in das kleine Vogelhaus
kippt er ein Tütchen Körner aus,
er holt den Meisenring:
„Den hänge ich hier hin!"

Der Oberförster Roderich
deckt heut in seinem Wald den Tisch;
Ihr Tiere, wenn ihr Hunger habt,
dann kommt und esst euch satt!
Ihr Tiere, wenn ihr Hunger habt,
dann kommt und esst euch satt!

Weihnachtsspiel: Oberförster Roderich

Zwei Kinder bilden in der Mitte des Kreises die Futterkrippe.

Die anderen laufen zum Lied im Kreis um die Futterkrippe herum. Entsprechend zum Text verwandeln die Kinder sich in die besungenen Tiere, kommen in deren Gangart zur Futterkrippe und „fressen" in entsprechender Tiermanier: Die Hasen hoppeln und mümmeln ihr Futter, die Rehe laufen ganz grazil hintereinander und äsen, die Schweine grunzen und stöbern mit der Schnauze in der Futterkrippe nach Eicheln und die Vögel fliegen zur Futterkrippe und picken die Körner.

Meisenzweiglein am Fenster

Material: schön geschwungener Ast, Schnur, Haferflocken, Sonnenblumenkerne, Weizenflocken, ungesalzene Erdnüsse, etwas Mehl, Kokosfett, etwas Speiseöl

- Das Fett in einem Topf langsam erhitzen. Sobald es geschmolzen ist, den Herd abstellen und den Topf vom Herd nehmen. Wichtig: Das Fett nicht über den Schmelzpunkt erhitzen, sonst stinkt es.
- Haferflocken, Sonnenblumenkerne, Weizenflocken, Erdnüsse und ein wenig Mehl miteinander vermischen. Die Menge sollte die doppelte Menge des verwendeten Fetts ergeben.
- Die Körnermischung mit dem Fett verkneten, dabei ein Schuss Speiseöl hinzugeben, das verhindert, dass das Fett später bröckelt.
- Die fertige Mischung über das Zweiglein streichen.
- Den Zweig draußen vor dem Fenster mit der Kordel aufhängen.

Tipp: Da einige Vögel ihr Futter vom Boden aufnehmen, zusätzlich noch etwas von der Futtermischung auf die Fensterbank streuen.

Vögel beobachten und bestimmen

Nun geht der Spaß erst richtig los. Schnell haben die Vögel der Umgebung das Futter entdeckt und sie danken es durch rege Anwesenheit. Wie schön: lebendiger Weihnachtsschmuck! Zuerst kommen die kleinen Blaumeisen oder Kohlmeisen. Sie hängen am Meisenzweiglein und drehen sich ein Vielfaches umeinander, immer im Kreis, solange bis ein neuer Anwärter für die Köstlichkeit im Anflug ist. Dann setzt sich die Amsel auf das Fensterbrett, sie bedient sich hier am Vogelbuffet. Sie pickt und guckt ins Fenster, pickt und guckt uns an. So, als wolle sie einerseits sicher sein, dass wir nicht zu nahe kommen und andererseits auch, als wolle sie „Dankeschön" sagen für die Bereicherung des winterlichen Speisezettels. Auch seltenere Vögel, die im Sommer weiter im Norden leben, sind nun zu entdecken. So zum Beispiel der Dompfaff, – mit seiner auffallend roten Brust und seiner schwarz/weißen Färbung ein besonderer Wintergast.

Ausrüstung: Vogelbestimmungsbuch, Stift

Das Vogelbestimmungsbuch liegt in greifbarer Nähe zum Fenster. Wann immer ein noch unbekannter Vogel zur Futterstelle kommt, können die Kinder anhand des Vogelbestimmungsbuches gemeinsam entscheiden, welcher Vogel es ist. Erwachsene lesen es dann den Nichtlesern vor. Damit nicht vergessen wird, welcher Vogel im Winter da war, einfach ein kleines Häkchen ins Buch machen.

Das Hühnchen

An Christi Himmelfahrt, auch als Vatertag bekannt, kam zu uns in den Garten ein kleines Hühnchen. Keiner wusste, wo das Hühnchen hingehörte, und da wir anscheinend gerade seine Prägephase erwischt hatten, folgte es uns fortan auf Schritt und Tritt und half bei allen anstehenden Gartenarbeiten, indem es eifrig mit in der Erde scharrte – immer auf der Suche nach Regenwürmern. So blieb es einfach bei uns im Garten. Nachts schlief es hier und da unter einer Hecke und an besonders warmen Tagen hockte es dösend neben uns auf der Terrasse.

So ging es den ganzen Sommer lang und ebenso den Herbst. Dann wurde es immer früher dunkel und die Nächte wurden kühler und kühler. Da stand das Hühnchen eines Abends vor der Terrassentür, gackerte, klopfte mit dem Schnabel immer und immer wieder an die Scheibe und hielt den Kopf schief, so als wolle es fragen: „Kann ich bitte reinkommen?" Da aber Hühnchen nicht stubenrein sind – noch nicht mal Stubenküken – musste ihm dieser Wunsch leider verwehrt bleiben.

Voller Mitleid klappte ich kurz entschlossen eine Einkaufskiste aus, stellte sie in eine geschützte Ecke dicht am Haus auf, legte einen Flickenteppich in die Kiste, setzte das Hühnchen mit beiden Händen hinein und deckte es mit einer zweiten Decke zu. Von diesem Tag an wiederholte sich immer die gleiche Prozedur. Mit Einbruch der Dämmerung kam das Hühnchen an die Terrassentür, klopfte und wollte nun zu Bett gebracht werden. Dann schlief es bis morgens in die Puppen – was sollte es auch schließlich im Winter beim ersten Hahnenschrei draußen schon machen?

Nur an Heiligabend, da kam das Hühnchen nicht an die Tür. Als wir nach ihm sehen wollten, hörten wir aus der Kiste heraus ein leises glückliches Glucksen – und als hätte es gewusst, dass Weihnachten ist, hatte es mitten im Winter sein erstes Ei gelegt!

Aus der Weihnachtswerkstatt:

erzgebirgische Handwerkskunst

Das Erzgebirge wird mit seiner traditionsreichen Handwerkskunst von weihnachtlichen Spieldingen als das Weihnachtsland schlechthin bezeichnet, weil hier viele Menschen ganzjährig in Manufakturen und in Heimarbeit neben dem eigentlichen Beruf Spieldinge aus Holz speziell für Weihnachten herstellen, die in alle Welt versendet werden. Grund genug, sich das Erzgebirge genauer anzusehen.

War der Haupterwerbszweig der Erzgebirgler ursprünglich der Bergbau, hat sich schon früh die erzgebirgische Spielzeugherstellung als Nebenerwerb entwickelt.

Bei der Spielzeugtechnik nutzten die Bergleute ihre technischen Fähigkeiten aus dem Bergbau. In liebevoller Handarbeit konstruierten sie kleine Modelle von Bergwerken und versahen sie mit Winden zur Förderung der Erze und Mineralien, mechanisch angetriebenen Rädchen, Wägelchen und so weiter. Diese Technik übertrugen sie, um auch kleine Spielfigürchen in Bewegung zu versetzen, wie es zum Beispiel in der Geschichte auf Seite 6 im kleinen Erzgebirge deutlich wird. Auch die erzgebirgische Weihnachtspyramide auf Seite 30 nutzt dieses technische Wissen.

Damit Kinder das geschäftige Treiben in so einer Weihnachtswerkstatt selbst erleben können, richten wir das Zimmer werkstattmäßig ein: Als „Werkbänke" stellen wir genügend Tische zum „Arbeiten". Auch richten wir einen Tisch mit den nötigen „Werkmaterialien" und „Werkzeugen" sowie einen zum Abstellen der fertigen „Werkstücke". Als „Arbeitskittel" halten wir die üblichen Malkittel für die Kinder bereit. Damit die Werkstatt nun auch wirklich „weihnachtlich" wird, entzünden wir ein Kerzlein, richten ein bisschen Gebäck und ein warmes Getränk ...

Das Wichtelkarussell

Nr. 5
Text & Musik: Isolde Lommatzsch

1. Mei - ne Weih - nachts - py - ra - mi - de ist ein hüb - sches Wich - tel - ka - rus -

sell. Wenn ich träu - me, drehn sie Run - den, manch - mal sach - te

und auch manch - mal schnell.   und auch manch - mal schnell.

Meine Weihnachtspyramide
ist ein hübsches Wichtelkarussell.
Wenn ich träume, drehn sie Runden,
manchmal sachte und auch manchmal schnell.
Wenn ich träume, drehn sie Runden,
manchmal sachte und auch manchmal schnell.

Nanni will den Esel reiten,
auf dem Ochsen sitzt der freche Franz.
Und sie drehen sich im Kreise,
in die Krippe schaut der stille Hans.
Und sie drehen sich im Kreise,
in die Krippe schaut der stille Hans.

Wie es raschelt, wie es trippelt,
gehen die Weihnachtswichtel dann nach Haus!
„Schön war's, Karussell zu fahren!",
meint zum Abschied noch der kleine Klaus.
„Schön war's, Karussell zu fahren!",
meint zum Abschied noch der kleine Klaus.

Meine Weihnachtspyramide
ist ein hübsches Wichtelkarussell.
Wenn ich träume, drehn sie Runden,
manchmal sachte und auch manchmal schnell.
Wenn ich träume, drehn sie Runden,
manchmal sachte und auch manchmal schnell.

Pyramiden-Gemeinschaftsarbeit

Die Pyramiden werden in Betrieben von gelernten Handwerkern hergestellt, die das ganze Jahr mit dieser Arbeit beschäftigt sind, und so können wir dieses Kunsthandwerk nicht eben mal mit Kindern nachbauen.

Dennoch habe ich in einem alten erzgebirgischen Heimatbuch eine Art Urform dieser Pyramide gefunden, die sich doch mit Kindern realisieren lässt. Hierbei geht es eher darum, das Prinzip dieses physikalischen Phänomens zu zeigen.

Material: Baumscheibe (oder ähnliche Grundplatte), dicker Tannenzweig, von dem die Tannen bereits entfernt sind (Rest vom Adventskranzbinden), Baumschere, Schraube, Schraubendreher, 2 Stücke tellergroße Kupferfolie, Kuchenteller, Untertasse, Bleistift, Schere, Lineal, fingerdicker Holzstecken (40 cm lang, 0,5 cm Durchmesser), Schnitzmesser, Reißnagel, Bindedraht, 2 Christbaumkerzenhalter, entsprechende Baumkerzen, dicke Pappe (Schuhschachtel), Knete, kleine Engelsfigürchen o. Ä. aus der Weihnachtskiste, Alleskleber, Streichhölzer

- Vom unteren Ende eines großen Tannenzweiges (Durchmesser ca. 2 cm) mit der Baumschere ein 3 cm langes Stück so abschneiden, dass die beiden letzten Seitenäste noch daran bleiben (s. Abb.). Alle weiteren Tannenästchen und Nadeln davon entfernen.
- Den mittleren abgeschnittenen Ast mit dem Schnitzmesser etwas einkerben, so kann der Pyramidenstecken sich hierin später besser drehen.
- Das untere Ende des Astes mit einer Schraube von unten an der Baumscheibe befestigen.
- Den Stecken am unteren Ende mit dem Schnitzmesser anspitzen.
- Für das Windrad der Pyramide auf die Kupferfolie einen Kuchenteller legen und mit dem Bleistift umranden. Mit der Schere ausschneiden. Mit Lineal und Bleistift zwei Kreuze auf die Folienscheibe zeichnen, dass acht gleichgroße Teile entstehen, wie die Stücke eines Kuchens. Diese so einschneiden, dass in der Mitte noch drei Zentimeter stehen bleiben.
- Für den Drehteller der Figürchen auf die Pappe den Unterteller legen, mit Bleistift umranden und ausschneiden.
- Auf die zweite Kupferfolie den Kuchenteller legen, mit Bleistift umranden und ausschneiden.
- Nun die Folie auf den Pappteller legen. Den überstehenden Rand der Folie einschneiden und umbiegen.

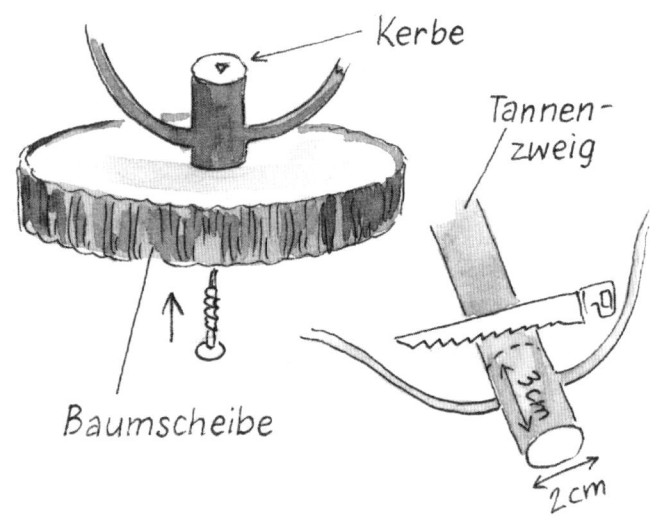

Kerbe

Tannenzweig

Baumscheibe

3 cm

2 cm

- Die Weihnachtsfigürchen im Kreis auf die Folie kleben. Mit der Spitze des Steckens durch Folie und Pappe stechen und den Drehteller in ca. 3 cm Höhe mit etwas Knete fixieren.
- Den „Propeller" mit einem Reißnagel auf dem oberen flachen Ende des Steckens befestigen.
- Die Windflügel alle in eine Richtung seitlich leicht nach oben biegen.
- Den Stecken in die Mulde des Tannenreisers stellen. Die beiden Enden der rechts und links abstehenden Zweige mit Bindedraht so nach oben binden, dass der Draht gleichzeitig einen lockeren Ring um den Stecken bildet und diesen so fixiert (s. Abb.).

- Nun noch die Christbaumkerzenhalter mit den Kerzen seitlich an die gebogenen Äste klemmen.

Jetzt kommt der große Moment: Ein Erwachsener entzündet die Kerzen. Nun müsste sich die Pyramide drehen. Tut sie es noch nicht, Kerzen wieder ausblasen, ihre Halterung korrigieren die Windflügelchen neu ausrichten und wieder probieren … bis es funktioniert!

Hinweis: Die Kerzen der Pyramide nicht unbeaufsichtigt brennen lassen.

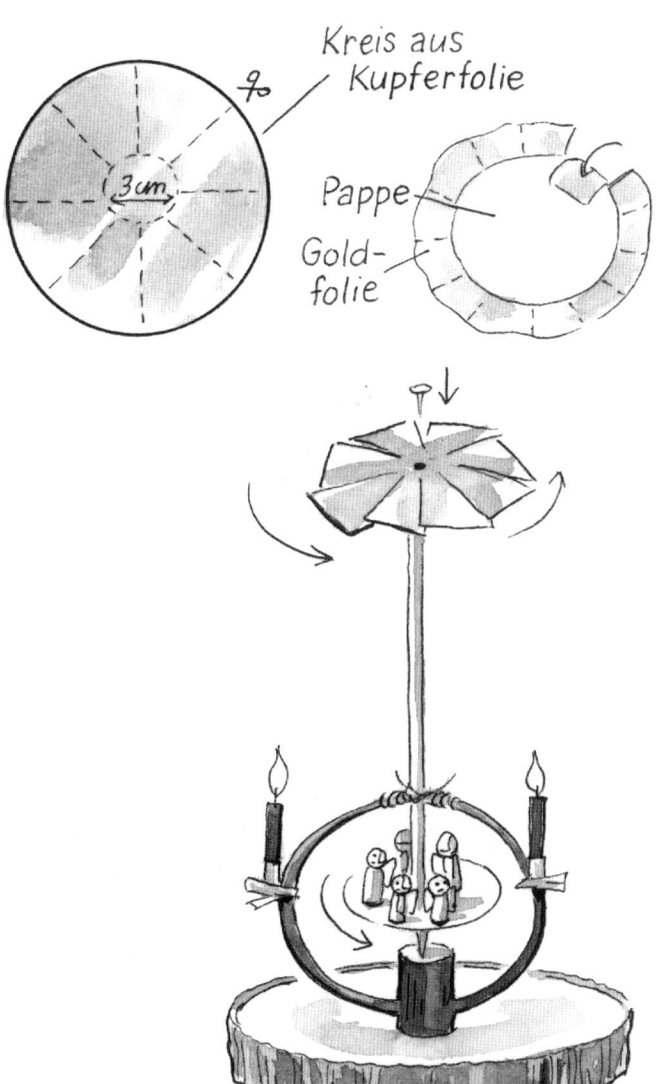

Der Klausenbaum

Der Klausenbaum oder auch Julapfelleuchter ist ebenfalls ein Weihnachtsleuchter in Form einer Pyramide. Den Namen hat er vom Nikolaus. Der Ursprung des Klausenbaums wird in Süddeutschland vermutet, ähnliche Weihnachtspyramiden sind aber auch aus Friesland, den Nord- und Ostseeinseln und Schweden bekannt.

Klausenbaum – eine einfache Weihnachtspyramide

Material: 6 Stöcke (daumendick, ca. 30 cm lang), 4 Äpfel, 4 Tafelkerzen, Tannen, Mistelzweige oder Ilex, Taschenmesser

- Die 6 Stöcke auf gleiche Länge bringen und jeweils an beiden Enden mit dem Taschenmesser anspitzen.
- In der Mitte von 3 Stöcken mit dem Taschenmesser eine Vertiefung als Kerzenhalter schaben.

- Diese drei Stöcke zu einem Dreieck legen und mit drei Äpfeln verbinden.
- Für den Sitz der vierten Kerze in einen vierten Apfel mit dem Apfelausstecher ein Loch einkerben.
- Nun die nächsten drei Stöcke schräg nach oben in jeden Apfel stecken, sodass eine Pyramide entsteht, die von dem vierten Apfel zusammengehalten wird.
- Drei Kerzen in die Kerben der waagrechten Hölzer setzen – ein paar Wachstropfen stabilisieren die Kerzen zusätzlich. Die vierte Kerze in den Apfel auf die Spitze der Pyramide setzen.
- In die vier Äpfel nun Ilex, Tannengrün oder Mistelzweiglein stecken – fertig ist die Weihnachtspyramide.

Weihnachtspyramidentanz

Material: rotes Geschenkband, 1 Bambus- oder Bohnenstecken, für jedes Kind 1 Teelicht in einem Glas
Musik: Das Wichtelkarussell ⊙ Nr. 5

Vorbereitung: An den Stecken vier zwei Meter lange Geschenkbänder binden.

Ein Kind in der Mitte hält den Stecken, vier Kinder halten die roten Bänder. Die anderen stellen sich im Kreis um die Pyramide und halten je ein brennendes Teelicht im Glas in die Kreismitte.

Beginnt die Musik, laufen die Kinder mit den Kerzen 2 x 8 Takte rechts, die Pyramidenkinder 2 x 8 Takte links im Kreis herum.
Dann drehen sich die Kerzenkinder 1 x 8 Takte rechts um die eigene Achse, anschließend 1 x 8 Takte links um die eigene Asche herum.

Klausenbaum

Zweige in die Äpfel stecken

Wenn die Erzgebirgler ihr Räuchermännlein wecken

Jahr für Jahr steigen die Erzgebirgler zu Beginn der Adventszeit auf den Dachboden hinauf, um ihr Räuchermännlein zu wecken. Vorsichtig kruschteln sie in den Weihnachtskisten, werden irgendwann im ganzen Einwickelpapier fündig und packen es behutsam aus, das hölzerne Etwas. Sie nehmen es und stellen es in der Stube mitten auf den Tisch. Sie stellen ein Räucherkegelchen vom guten Crottendorfer Tannenduft in seinen Bauch, entzünden das Kegelchen, stellen behutsam das Oberteil des Kerlchens darauf und schon beginnt für die Erzgebirgler die Weihnachtszeit.

Ist es unten in der Stube, rührt sich das Männlein nicht vom Fleck, steht einfach, wo es steht. Doch bald bläst es kleine Rauchschwaden in die Luft. Wenn es dann vor sich hinnebelt und dabei kein Wort dazu sagt und dazu der Rauch langsam zur Decke steigt, ja dann sind alle froh. Und in der Stube ist es schön ruhig und der Himmelsfrieden ist zu spüren. Doch in den Herzen der Erzgebirgler, da lacht und jubelt es, weil nun die Weihnachtszeit da ist.

Das Räuchermännlein hat zwei steckendürre Beine und einen hohlen Bauch. Es zieht bedächtig an der Pfeife zu seinem eigenen Zeitvertreib. Es trägt ein feines Jäckchen und auf dem Kopf einen Hut, aber sein Mund und seine Nase sind ganz schwarz, weil es so viel Rauch verschmaucht.

Und wenn zum Fest dann der große Junge aus der Fremde nachhause kommt, springt der Kleine rum vor Freude. Ja das ist ein Leben – so wie es die Erzgebirgler lieben. Bricht dann die Dämmerung herein, nehmen die Erzgebirgler ihr Räuchermännlein, stellen es mitten auf den Tisch und zünden ein Räucherkerzlein an.

Ist dann Heiligabend, werden alle Erzgebirgler zu Kindern, dann werden in jedem Haus Lichter angezündet und jeder hofft, dass er vom Christkind auch ein Päckchen abbekommt. Überall in der Stube ist dann Glanz und Pracht und es riecht so gut.

Ja, wenn das Räuchermännlein nebelt, kein Wort dazu sagt und der Rauch zur Decke hinaufsteigt, dann sind die Erzgebirgler so froh!

's Raachermannel

⊙ Nr. 10
Worte und Weise: Erich Lang (1937, Olbernhau)
Nachdichtung 1. Teil: Isolde Lommatzsch

Klei - nes Räuch - cher - männ - lein komm, denn es ist Ad - vent!

Al - le Kin - der war - ten schon, dass dein Pfeif - lein brennt.

In die Stu - be bring ich dich, du sollst bei uns sein.

Bald kommt Rauch aus dei - nem Mund und es riecht so fein.

Refrain

Klei - nes Räu - cher-männ-chen duf-te! Ach, so hübsch und still bist du. Steigt dein

Rauch dann an die De - cke se - hen wir dir ger - ne zu. Und schön

ruhig wird's im Stüb - chen, ist der Him - mels - frie - den nah, doch im

Her - zen lacht's und ju - belt's: Ja, die Weih - nachts - zeit ist da!

2. Gahr vür Gahr gieht's zen Advent
of 'n Buden nauf,
wird a Mannel aufgeweckt:
„Komm, nu stist de auf!"
ls es unten in der Stub, rührt sich's net von Flack.
S' stieht, wu's stieht, doch ball gieht's lus:
's bläst de Schwoden wag.

Refr.: *Wenn es Raachermannel naabelt*
un es sogt kaa Wort derzu
un der Raach steigt an der Deck nauf,
sei mer allezamm su fruh.
Un schie ruhig is in Stübel,
steigt der Himmelsfrieden ro,
doch in Herzen lacht's und jubelt's:
Ja, de Weihnachtszeit is do!

Das Räuchermännlein

Material: 1 Apfel, 1 Walnuss, 1 Zahnstocher,
Watte, rotes Krepppapier, Wollnadel mit
Wollfaden, 1 Eichelpfeifchen, etwas Alufolie,
Räucherkegelchen

Ein Ende des Zahnstochers unten in die Nuss (evtl.
etwas vorbohren), das andere in den Apfel steck-
en. Vom Krepppapier einen Streifen von 20 x 10 cm
abschneiden. Einen Rand von 3 cm falten und den
Wollfaden mit der Wollnadel mit grobem Stich
durch den oberen Rand fädeln. Den Wichtelmantel
um den Apfel legen und den Wollfaden zuziehen.
Aus einem Kreppdreieck ein Wichtelmützchen kleben und auf die Walnuss setzen. Ein bisschen
Watte zum Bart formen und an die Nuss kleben.
Mit schwarzem Filzstift ein Gesicht malen.

Für das Räucherpfeifchen ein Stückchen Alufolie
zusammendrücken und das Eichelhütchen damit
auslegen. Mit der Nadel ein Loch in den Apfel
bohren und das Pfeifchen hineinstecken. Nun ein
Räucherkegelchen entzünden und in das Pfeifen-
köpfchen stecken. Und schon raucht das Räuchermännlein.

Der Schwibbogen

Der Schwibbogen gehört zu den Erzgebirglern
wie das Räuchermännlein und die Weihnachtspyramide. Es ist ein Bogen, auf dem sie-
ben bis elf Kerzen stecken. Die Schwibbögen
stehen in den Fenstern und erhellen die Häuser, wenn's draußen stürmt und schneit, denn
im Erzgebirge liegt noch richtig Schnee an
Weihnachten. Wie der Schwibbogen entstan-
den ist, lässt sich nicht genau sagen. Manche
sagen, der Bogen würde den Grubeneingang
ins Bergwerk darstellen, die anderen sagen,
der Bogen sei das ganze Himmelsdach. Wie
auch immer, unter dem Lichterbogen ist wieder feinste Handwerksarbeit zu finden – aus
Eisen oder Holz.

Zwergenbergwerk

Material: halbe Baumscheibe (5 cm dick aus
dem Wald), evtl. Säge, länglicher Blumenkasten,
Moos, Nusswichtel (s. S. 91), Elektrobohrer,
Alufolie, 7 Kerzen

Ein Erwachsener sägt die Baumscheibe in der
Mitte durch, stellt die halbe Scheibe auf die
Schnittkante und bohrt von oben die Löcher für
die Kerzen in den so entstandenen Halbbogen.
Die Kinder stellen nun diesen Schwibbogen längs
in den Blumenkasten, legen Moos davor und ar-
rangieren bereits vorhandene Zwerge oder die
selbstgemachten Haselnusswichtel als Bergwerks-
szenerie davor.

Watte

Krepppapier

Alufolie

Weihnachtsspirale

Material: Gold- oder Silberfolie (feuerfest), Bleistift, Pauspapier, Schere, Klebeband, Schaschlikspieß, 1 Stück Styropor, Knete oder Blumensteckschwamm, Klebeband, Teelicht

Die Spirale auf die Goldfolie übertragen und an der Linie ausschneiden. Das obere (kleine) Ende zu einem Hütchen formen und mit Klebeband fixieren. Den Stab in ein Stück Styropor (Knete oder Blumensteckschwamm) stecken und die Spirale auf die Spitze setzen. Das Teelicht in sicherem Abstand darunterstellen.

Lichterhäuschen

Alle Menschen lieben Lichter in der dunklen Jahreszeit. Die Erzgebirgler aber noch mal mehr. Das kommt wohl daher, dass so viele von ihnen „Untertage", also im Bergwerk arbeiteten und es da so besonders dunkel ist. Eine Spezialität sind von daher ihre Lichterhäuschen.

Das Weihnachts-Winterdorf auf der Fensterbank

Material: weißes Papier (DIN A4), Stift, Schere, buntes Transparentpapier, Klebstoff, Lichterkette, Watte, Fotokarton

Vorbereitung: Für die Schablonen untenstehende Vorlagen in gewünschter Größe auf Pappe übertragen und den Umrisse sowie die Fenster ausschneiden.

Die Kinder legen die Schablonen auf ihr Papier, umranden sie und schneiden sie aus. Die Fenster nicht vergessen und mit Transparentpapier hinterkleben. Nun die Häuschen falten, am Falz zusammenkleben und das Dach aufsetzen. Die Watte ausbreiten, die Lichterkette darauf auslegen und die Häuschen so darauf verteilen, dass jedes Licht der Lichterkette ein Häuschen illuminiert.
Steht ein Häuschen etwas schief und lässt so den Lichtschein auch von unten sehen, wird es mit etwas Watteschnee abgedichtet.

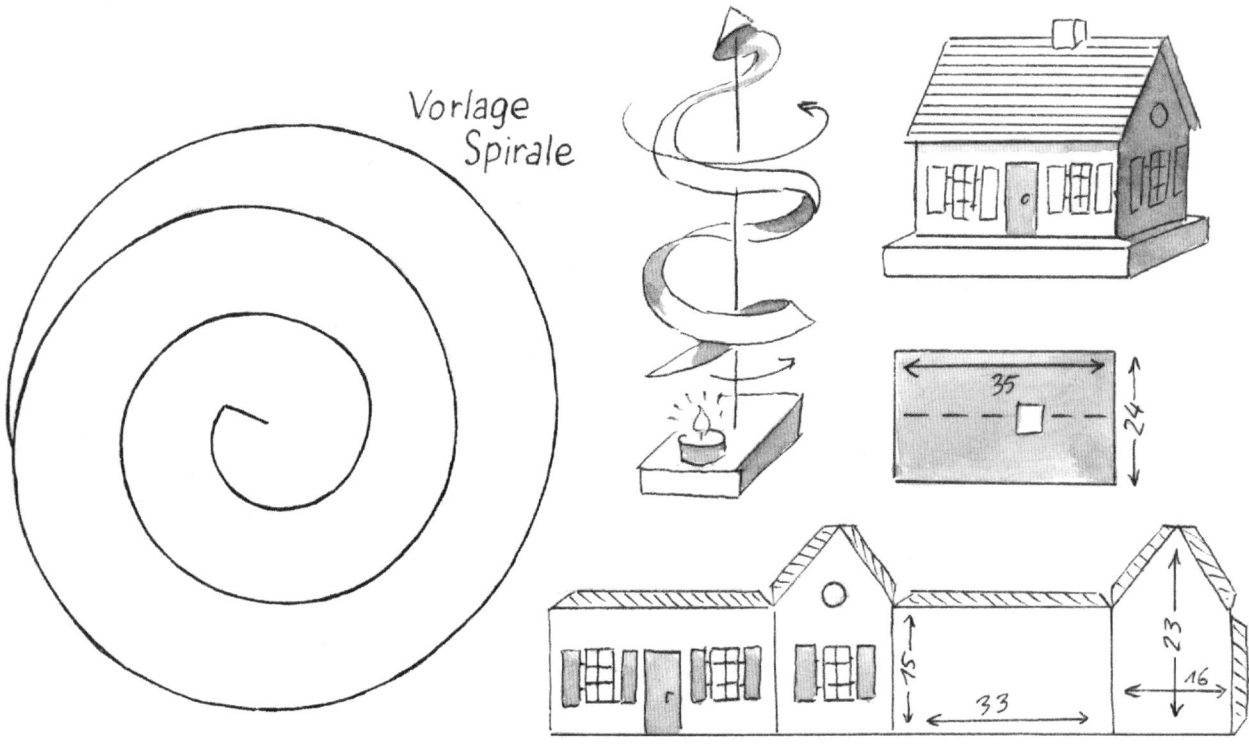

Vorlage Spirale

Schabernack in der Andreasnacht

(30. November)

Früher endete das Kirchenjahr am 30. November zum Tag des heiligen Andreas. Grund genug, etwas in die Zukunft zu orakeln. Beliebt waren Liebesorakel in der Andreasnacht: Bevor es schlafen geht, setzt sich das Mädchen auf die Bettkante und wirft seinen linken Hausschuh gegen die Zimmertür. Zeigt der Schuh nach dem Aufprall nach draußen, so wird das Mädchen bald heiraten. Zeigt der Schuh nach innen, so bleibt es noch allein.

Schuhorakel im Kreis

Material: linker Schuh

Alle Kinder werfen ihren linken Schuh in den Kreis. Die Spielleitung legt eine Decke über den Schuhberg. Nun denken sich alle Kinder etwas aus, was der noch nicht ermittelte Schuhbesitzer machen könnte (auf einem Bein hüpfen, Purzelbaum schlagen ...). Danach zieht die Spielleitung einen Schuh. Der Schuhbesitzer nimmt sich seinen Schuh, wirft ihn gegen die Zimmertür. Zeigt der Schuh ins Zimmer, muss er die Aufgabe erfüllen, zeigt der Schuh nach außen, darf er den Schuh wieder anziehen.

Apfelorakel

Material: Apfelschäler, 1 Apfel pro Kind

Die Kinder schälen mit dem Apfelschäler einen ganzen Apfel so, dass die Schale ein langes Band ergibt. Dieses werfen sie hinter sich.
Alle rätseln, welchem Buchstaben das Apfelband ähneln könnte. Dies soll der Anfangsbuchstabe vom Zukünftigen/von der Zukünftigen sein.

Heimlichkeitsding zum 1. Dezember

Wenn alle Kinder schlafen, kommen heimlich, heimlich in der Nacht zum ersten Mal die Weihnachtswichtel, um die Kinder mit einem Adventskalender zu erfreuen. Zum einen verkürzt der Adventskalender die Wartezeit bis zum Heiligen Abend gewaltig, zum anderen birgt er auch jeden Tag eine Überraschung. Das kann ein Bildchen sein, eine kleine Süßigkeit, ein winziges Spielding oder was kleines Praktisches, auch eine Geschichte kann drinnen sein, ein Spiel oder eine gemeinsame Aktion. Eben alles, was Wichtel so in den Sinn kommt.

Adventskalender „Edelsteine"

Material: 24 Edelsteine (Trommelsteine sind günstig im Spieleladen zu bekommen), Goldfolie, Filzstift, Paradiesgärtlein (S. 19) oder Zwergenbergwerk (S. 35)

Haben die Kinder ein Paradiesgärtlein oder ein Zwergenbergwerk gestaltet, machen es sich die Wichtel einfach. Sie packen 24 Edelsteine in Goldfolie zu Goldklumpen, nummerieren diese mit Filzstift durch und verstecken sie im Gärtchen hinter Büschen und Bäumchen, in Höhlen und überall da, wo sie eben ein geeignetes Versteck finden ...

Adventskalender im Schneedorf

Material: 24 Kleinigkeiten, Goldfolie, Filzstift, Schneedorf (S. 38)

Haben die Kinder das Schneedorf gestaltet, machen es die Wichtel so: Sie packen 24 Kleinigkeiten ein, wickeln sie in Goldfolie. Diesmal schreiben sie die Nummern 1 bis 24 einfach als Hausnummern an die Häuser. Klar: Wer das jeweilige Häuschen gemacht hat, der darf am entsprechenden Tag in seinem Häuschen nach dem Schatz gucken.

Wichtelsockenkalender

Jeder hat zuhause eine Unzahl von Einzelsocken, das ist einfach so. Da gibt es große Socken und ganz kleine Socken, schwarze Socken und bunte Socken. Jetzt endlich finden sie eine sinnvolle Verwendung: Die Wichtel basteln daraus in der Nacht blitzschnell einen Wichtelsockenadventskalender. Wie sie das machen? Ganz einfach.

Material: 24 Socken (gewaschen!),
24 Adventsüberraschungen nach Wahl,
Geschenkband, Wäscheklammern, Wäscheleine,
Adventskalenderzahlen von 1 – 24

Die Socken nach Belieben füllen und zubinden. Die Wäscheleine quer durchs Zimmer spannen und die gefüllten Socken mit Wäscheklammern daran aufhängen.

Himmlische Post

Haben die Wichtel keine Lust, kleine Dinge oder Süßigkeiten in den Adventskalender zu packen, dann machen sie einfach einen Weihnachtspostkalender.

Material: eine Lichterkette, Papier, Schere, Stift, Bändel

So geht's: Die Wichtel suchen sich einfach Geschichten, Lieder und Aktionen (z. B. aus diesem Buch) aus, schreiben den Titel auf ein Zettelchen und dazu die entsprechende Seitenzahl. Sie stecken den kleinen Adventsbrief in einen kleinen Umschlag. Die Brieflein mit den Zahlen von 1 bis 24 versehen und bunt durcheinander an die Lichterkette binden. Diese hängen sie dann im Zimmer auf und lassen die Himmelspost leuchten.

Aus der Weihnachtsbäckerei:

der Weihnachtsstollen

Quarkstollen

In unserer Weihnachtsbäckerei backen die Kinder einen einfachen Quarkstollen.

Die **erzgebirgische Stollenbäckerei** ist weltweit bekannt. Die Familien machten extra einen Backtermin beim Bäcker aus. Oft war dieser am Wochenende, denn da war die Backstube frei. Am Abend vor dem Backtag wurden Rosinen verlesen, Mandeln gebrüht, abgezogen und mit einem Wiegemesser zerkleinert, Zitronat und Orangeat geschnitten, Zucker und Butter abgewogen. Das Mehl gab der Bäcker wegen der gleichmäßigen Temperatur in der Backstube dazu. Am Backtag früh wurde dann noch die Milch warm gemacht. Alles trug man in einem Wäschekorb zum Bäcker. Der Bäcker nahm sich alle Zutaten und knetete den Teig. Abends wurde der fertige Stollen dann geholt und kam in den Keller in eine Holzwaschwanne.

Zutaten: 500 g Mehl, 1 Päckchen Backpulver, 250 g Zucker, 250 g Butter, 3 Eier, 250 g Quark, 125 g gemahlene Mandeln, Rosinen, Zitronat und Orangeat (evtl. ganz fein hacken!), Vanillezucker, etwas Zitronenabrieb (oder ein kleines Aromafläschchen Zitrone), Puderzucker

Mit dem Mixer Butter, Zucker und Eier schaumig rühren. Die übrigen Zutaten außer Mehl und Backpulver unterrühren. Ganz zum Schluss mit der Hand Mehl mit dem Backpulver unterkneten. Blech mit Backpapier auslegen. Den Teig in einer länglichen Stollenform aufs Blech legen und im vorgeheizten Backofen bei 180 bis 200 Grad 50 bis 55 Minuten abbacken. Ist der Stollen abgekühlt, mit viel Puderzucker bestreuen.

Aus der Weihnachtsgärtnerei:

Barbarazweige am 4. Dezember

Die heilige Barbara gilt als Schutzpatronin der Bergleute. Sie soll im vierten Jahrhundert nach Christus in der heutigen Türkei gelebt haben. Ihr Vater soll sie getötet haben, weil sie sich gegen dessen Willen hat taufen lassen. Bis heute ist es noch Brauch, am Barbaratag, dem 4. Dezember, Zweige von Obstbäumen zu schneiden und in die Vase zu stellen. Bis Weihnachten blühen die sogenannten Barbarazweige und dienen als Zeichen des herannahenden Frühlings. Auch in vorchristlicher Zeit war der 4. Dezember ein besonderer Tag: Am Vorabend gingen in Bayern und Österreich die Percht oder Berchtel, die raue Winterfrau mit ihren Heimchen, auch Frau Holle genannt, durch die Dörfer, schenkten fleißigen Kindern Hutzelbrot und Nüsse oder straften die Faulen mit der Rute.

Barbarazweige ins Haus holen

Bei einem Spaziergang am 4. Dezember schneiden wir je ein Zweiglein eines Obstbaumes. Das können neben Kirschzweigen auch Zweige von Apfel, Birne oder Pflaume sein. Auch Linde, Forsythie oder Mandelbäumchen können geschnitten werden.

Der Brauch besagt, dass Zweige, die am Barbaratag geschnitten und in der warmen Stube ins Wasser gestellt werden, bis Weihnachten blühen.

„Bald ist Niklausabend da"

Nikolaus ist der beliebteste Heilige in der Weihnachtszeit. *Nike* bedeutet im Griechischen Sieg und *Laos* das Volk, Nikolaus bedeutet also in der Übersetzung Sieger des Volkes. Doch wer war Nikolaus? Um seine Person ranken sich zahlreiche Legenden, doch die historischen Tatsachen sind widersprüchlich. Wissenschaftlich gesichert ist, dass es einen Bischof mit Namen Nikolaus in Myra in der heutigen Türkei gegeben hat, von dem es Wunderberichte gab und der zuerst in der Ostkirche und dann in der Westkirche sehr verehrt wurde. In den englisch sprechenden Ländern wird er als Santa Claus verehrt und kam hier zu der Rolle des Weihnachtsmannes. Es gab aber noch einen zweiten Nikolaus von Pinora. Er war Abt von Sion, Bischof von Pinora und starb am 10. Dezember 564 in Lykien. Seine Lebensgeschichte wurde mit der des Nikolaus von Myra verwoben. Der heilige Nikolaus ist Schutzherr von Russland und Lothringen. Er ist Schutzpatron von Kindern und Schülern sowie allen, die mit Schiffen und Schifffahrt zu tun haben.

Der Nikolaustag wurde nicht nur in der Kirche, sondern auch weltlich gefeiert. Alles, was wir heute in der Advents- und Weihnachtszeit an Speisen und Gebäck kennen, hat seinen Ursprung im Nikolausfest. Wie am Vorabend vor Martini das Martinsschlachten, bei dem Tiere geschlachtet wurden, damit man nicht so viele durch den Winter füttern musste, war auch der Vorabend von Nikolaus als Schlachttag ausgewiesen. Da Nikolaus in der Fastenzeit lag, wurde das Fleisch durch Einpökeln haltbar gemacht. Allerdings entwickelte sich für Kinder daraus der Heischebrauch am Schlachttag schnell etwas von der frischen, nicht lange haltbaren Wurst abzubetteln.

Bis ins 13. Jahrhundert war das Fest der unschuldigen Kinder (28. Dezember) der Kinderbeschenktag. Durch die aufkommende Nikolausverehrung und das Schülerpatronat des heiligen Nikolaus verlagerte sich dieser Tag auf den 5. und 6. Dezember. In manchen Orten wurden die Jungen an Nikolaus und die Mädchen am Tag der heiligen Lucia (vgl. S. 66) beschenkt. Nach der Reformation verlagerte sich der Kinderbeschenktag zuerst in evangelischen Gebieten und dann überall auf den 24./25. Dezember.

Ein weiterer Brauch an Nikolaus war das Kinderbischofsspiel oder Schülerbischofsspiel. Es lag auch zuerst am 28. Dezember und verlagerte sich wegen des Schülerpatronats ebenfalls auf den Nikolaustag. Das eigentliche Spiel besteht darin, dass die Schüler an Kloster-, Stift- und Domschulen einen „Abt" oder „Bischof" aus den eigenen Reihen wählten. Die normale Ordnung wurde für einen Tag oder für den Zeitraum vom 6. bis zum 28. Dezember quasi auf den Kopf gestellt, denn die Erwachsenen mussten den Entscheidungen der Kinder folgen. Gefeiert wurde diese „Machtübernahme" mit einem üppigen Fest am Nikolaustag.

Nachdem das Nikolausfest durch die Reformation zum Kinderbeschenktag wurde, reagierte die Gegenreformation, indem sie dem Fest ein katechetisch-pädagogisches Gepräge gab. Nikolaus und Gefolge kehrten in jedes Haus ein und prüften dort die Kinder, ob sie ihre Gebete verrichtet hatten und den Anordnungen der Eltern gefolgt waren. Die Guten wurden belohnt, die Säumigen mit der Rute gestraft. Begleiter des Nikolaus war ein bärtiger, rauer Geselle, für den es unzählige Namen gibt. Am geläufigsten sind „Knecht Ruprecht", „Belzenickel" oder „die rauhe Percht". Während Nikolaus die Geschenke übergab, hatte dieser Begleiter die Rute für die bösen Kinder ...
Die rauhe Percht ist aus vorchristlicher Zeit die von allen alten Völkern verehrte Heilige Frau – Frau Holle. Sehen wir uns das Märchen von Frau Holle an, finden wir hier auch die Belohnung der Guten und Bestrafung der Bösen ...

Vorbild des Einkehrbrauches an Nikolaus ist die kirchenrechtlich vorgeschriebene Visitation des Bischofs in einer Pfarrgemeinde. Das „Gericht", das Nikolaus abhielt, spiegelt zudem das Weltgericht Gottes in der Ewigkeit wider.

Wurden als Vorläufer zum Nikolausabend am früheren Beschenktag einfach Äpfel, Nüsse und Süßigkeiten in den Raum geworfen, veränderte sich der Brauch zum Einlegebrauch an Nikolausabend. Das heimliche Einlegen von Äpfeln, Nüssen und Süßigkeiten geht wohl auf das legendäre Einlegen von Goldklumpen seitens des Bischofs Nikolaus in das Haus der drei armen Mädchen zurück. Die Gaben wurden den Kindern in ihre Stiefel gesteckt, weil das das einzige „persönliche Behältnis" der Kinder war. Mit der Verlegung des Schenktermins auf Weihnachten flachte der Brauch in protestantischen Regionen ab oder übertrug sich auf Weihnachten und das Christkind. Und so kommt es nun, dass das Christkind wie der Weihnachtsmann gleichermaßen, aber unterschiedlich ausgeprägt die heimlichen Gabenbringer an Weihnachten sind.

Abendspaziergang am 5. Dezember

Die Kinder besuchten am 5. Dezember als kleine Nikoläuse die Häuser, sangen Weihnachtslieder und erwarteten dafür Wurst, Äpfel, Kuchen oder Süßigkeiten. Dabei sangen sie zum Beispiel folgendes Heischelied:

Ich bin ein armer Sünder
Hab 99 Kinder
Wenn ich heimkomm, hab nicht viel
Dann krieg ich's mit dem Besenstiel

Probiert's doch mal aus in eurer Nachbarschaft. Vielleicht erinnern sich noch einige Omas und Opas an diesen Brauch ... Ihr müsst euch nur als Nikoläuse verkleiden, ein paar Weihnachtslieder auswendig können und natürlich ein leeres Säcklein für die Geschenke mitnehmen.

Aus der Weihnachtswerkstatt

Ulkige Gesellen und märchenhafte Spieldinge

Nikolausdampfer

„Schiffchensetzen" wurde der mindestens seit dem 15. Jahrhundert bekannte Brauch genannt, aus Papier Nikolausschiffchen zu basteln, in die der Heilige seine Gaben legen sollte. Der Hintergrund dieses Brauches rührt wohl daher, dass Nikolaus der Schutzpatron der Schiffer war.

Material: weißes Papier (DIN A4), 1 Teelicht

Ein Schiffchen wie gewohnt falten (s. Abb.), dann die Spitze mit dem Daumen langsam nach unten drücken. Im Schiffchen entsteht eine kreisrunde Papierschale, in die das Teelicht gestellt werden kann. Unten bekommt das Schiff bei dieser Variante noch einen Kiel als zusätzliche Stabilität.

Lebkuchenhäuschen

Material: Pappe, Schere, rotes Transparentpapier (Fensterscheiben), Klebstoff, Holzbrettchen, Spritztüte, Backpinsel
Zutaten Lebkuchenhaus: Lebkuchenplatten (Bäckerei), 1 Eiweiß, 250 g Puderzucker, 1 TL Zitronensäure, Smarties oder bunter Zucker, Schokoladenplätzchen mit buntem Zucker

Nach der Anleitung vom Lichterhäuschen (s. S. 36) ein Haus aus Pappe basteln (Grundfläche ca. 20 x 15 cm). Die ausgeschnittenen Fenster mit Transparentpapier hinterkleben. Das Papphaus auf ein Holzbrett stellen, da es später mit Lebkuchenwänden sehr schwer wird.

Die Lebkuchenplatten entsprechend der Hausgröße zurechtschneiden.
Aus Eiweiß, Puderzucker und Zitronensäure den Kleber herstellen.
Die Platten auf der Unterseite mit etwas „Kleber" bestreichen und auf Wände und Dach des Papphauses kleben.
Als Hausverzierung kleine Süßigkeiten auf die Lebkuchenplatten kleben. Unterhalb der Fenstersimse mit der Eiweißmasse „Schnee" spritzen. Ebenso das Dach weiß dekorieren – das ist der Schnee!
Wichtig: Nicht vergessen, das Häuschen auch zu plündern!!!

Der Nussknacker

Zu Weihnachten gehört ein Nussknacker mit dazu. Ob ihr glaubt oder nicht, auch den habe ich im Erzgebirge gefunden und zwar den größten. Der steht in Neuhausen und ist 5,83 m hoch. Mit Kindern machen wir es uns ganz einfach und ziehen einfach einen handelsüblichen Nussknacker als Wichtel an und schon lebt er, der Nussknacker!

Material: handelsüblicher einfacher Nussknacker (s. Abb.), 1 Strumpf, Watte, gelbes oder weißes Stickgarn, Sticknadel, schwarzer Filzstift

Die Kinder stellen den Nussknacker vor sich – und tatsächlich, oben ist die Form eines Mützchens zu erkennen. Da, wo die Nuss hingehört, da kann das Gesichtchen sein, dann kommt der Bauch und unten, klar das sind die Beine.

Und so geht's:
- Etwas Watte in die Strumpfspitze geben.
- Den Strumpf über den Nussknacker stülpen.
- Mit dem Stickgarn die Mütze locker so abbinden, dass sich der Nussknacker noch öffnen lässt.
- Eine Walnuss auf den Strumpf in die Knackstelle legen, Stickgarn einfädeln und um die Knackstelle Schlingen nähen, so sieht es aus, als habe der Nussknacker einen Bart.
- Aus Watte eine flache Kugel für den Bauch formen und diese in den Strumpf unterhalb der Nuss stecken.
- Jetzt den Socken unterhalb des Bauches längs aufschneiden und mit Schlingstich zwei Hosenbeine für den Griff des Nussknackers nähen.
- Ist der Socken länger, die Hosenbeine kürzen und auch unten vernähen.
- Mit Filzstift der ersten Nuss mit „Punkt, Punkt, Komma, Strich" ein Gesichtchen aufmalen.

Fertig ist der Nussknacker!

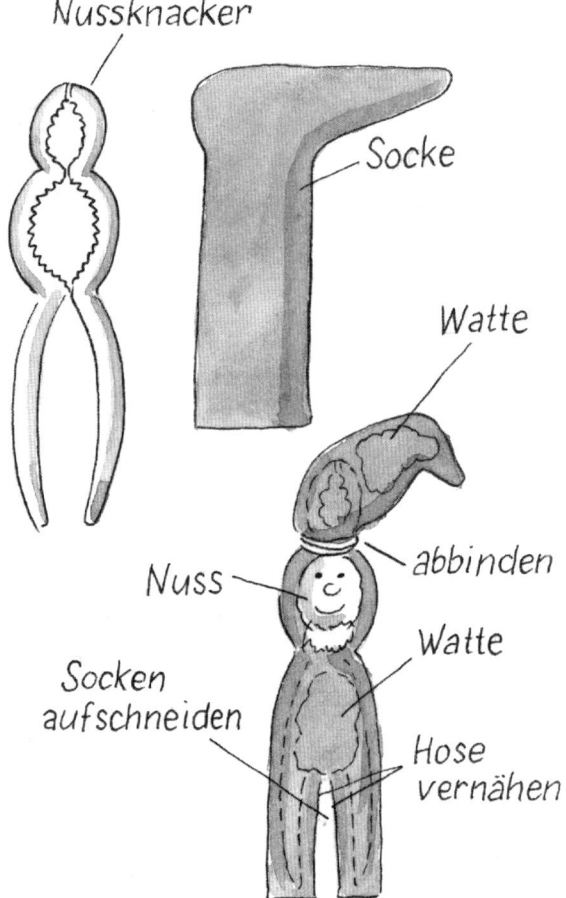

Nussknacker

Socke

Watte

Nuss

abbinden

Socken aufschneiden

Watte

Hose vernähen

Pflaumentoffel – Pflaumenruprecht

Wie auch immer er genannt wird, ein Pflaumentoffel ist leicht herzustellen, eignet sich als Geschenkchen und für den eigenen Weihnachtsbasar. (vgl. S. 119) Und außerdem sind die Backpflaumen gesund.

Material und Zutaten: kleine Holzscheibe o. Ä., Holzbohrer, Schaschlikstäbchen, getrocknete Pflaumen, schwarzes Tonpapier, Unterteller, eine Wattekugel, schwarzer Filzstift, kleine Zweiglein aus der Weihnachtgärtnerei, Bindeschnur, Bleistift, Münzen (2 € und 20 Cent)

Vorbereitung: In die Holzscheibe zwei Löcher vorbohren (Erwachsener).

Die Kinder fädeln Pflaumen auf zwei Schaschlikstäbchen. Die zwei Stäbe stecken sie in die vorgebohrten Löcher und binden sie oben zusammen. Bei einem halben Schaschlikstab stecken sie an jedes Ende eine Pflaume als Hände des Pflaumentoffels und binden diesen ebenfalls am oberen Ende der anderen Stäbe fest.

Den Unterteller auf das Tonpapier legen mit Bleistift umranden, ausschneiden, einmal in der Mitte falten und dem Pflaumentoffel als Mäntelchen anziehen, dass die beiden senkrechten Stäbchen am Ende herausragen. Darauf die Wattekugel setzen. Mit dem Stift darauf Augen, Nase und Mund mit Schnurrbart malen.

Für den Zylinderhut das Zwei-Euro-Stück auf Tonpapier legen, umranden und ausschneiden. Darauf das 20-Cent-Stück in die Mitte legen, umranden und ausschneiden. Nun noch einen Streifen von 5 x 2 cm aus dem Papier schneiden, zusammenrollen, in die Hutkrempe stecken und den kleineren Kreis als Hutdeckel obendrauf kleben.

Die Leiter aus Schaschlikstäben binden und dem Pflaumentoffel über den linken Arm lehnen. Für die Rute ein paar Zweiglein zusammenbinden und an den rechten Arm binden – fertig ist der Pflaumentoffel.

Große Pflaumentoffelproduktion

Und wer ganz viele Pflaumentoffel herstellen will, der geht arbeitsteilig vor, ganz so wie in der erzgebirgischen Handwerksstube. Einer bohrt die Löcher vor, einer fädelt Pflaumen, einer macht Zylinder, der andere die Ruten, einer die Leitern ...

Heimlichkeitsding zum 6. Dezember

Wie es der Nikolaus überhaupt schafft, am 6. Dezember wirklich alle Kinder zu besuchen, ist bisher noch völlig unklar. Bei manchen Kindern war er schon morgens da, bevor sie überhaupt aufgestanden sind, bei anderen klopft er am Abend an die Türe und ist schon wieder weg, ehe sie die Tür aufgemacht haben. Ja und manchmal, wenn mehrere Kinder zusammen auf ihn warten, dann lässt er sich schon persönlich blicken und nimmt dann gerne die Gesichtszüge oder die Stimme von Nachbarn oder Verwandten an. Also, wie das der Nikolaus alles bewältigt, ist für mich auch heute noch ein Rätsel.

Nikolaus-Kinderreim

🔊 Nr. 4
Text: Isolde Lommatzsch

Liebes Kind, liebes Kind, stell die Schuhe vor die Tür!
Sind sie blank, sind sie blank, kommt der Nikolaus zu dir.

Rufe laut, rufe laut, dass er es auch hören kann:
Vielen Dank, vielen Dank, bist ein guter, guter Mann!

Vergelt's euch Gott

Direkt am 6. Dezember holpert ein Fahrrad über das Kopfsteinpflaster direkt auf meinen Spielzeugladen zu. Vom Geräusch neugierig geworden, trete ich vor die Ladentüre, denn Fahrräder um diese Jahreszeit sind in unsrer Gegend doch eher eine Seltenheit. Und was sehe ich da? Ein junger Mann tritt kräftig in die Pedale – er scheint es äußerst eilig zu haben. Er trägt einen roten Mantel mit weißem Plüschbesatz, die Hosen hat er hochgekrempelt, damit sie nicht in die Speichen geraten. Auf dem Kopf trägt er eine Wollmütze und auf den Gepäckträger hat er einen braunen Jutesack geschnallt.
Der junge Mann grüßt eilig, stellt sein Fahrrad provisorisch ab und nimmt mit großen Schritten die paar Steinstufen zur Ladentür hinauf.

Auf meine Frage, ob ich irgendwie behilflich sein könnte, meint er – ach bestimmt nicht, es sei nur so eine Idee gewesen und vielleicht würde mir ja doch was dazu einfallen. Er sei der Nikolaus und müsse dringend zu den Kindern im Waldkindergarten – doch fehle ihm dazu ein Bart.

Natürlich kann man in einem Spielzeugladen ab und zu, meist zu Karneval, auch Bärte kaufen, allein, ich hatte keinen da. Aber dem Mann musste ja irgendwie geholfen werden. Also kramte ich in meinem Gehirnstübchen in der Ideenkiste und tatsächlich, da fand ich eine einfache Anleitung für einen Nikolausbart. Ich bat den Mann mal eben meinen Laden zu hüten, eilte auf die andere Seite des Marktplatzes direkt ins Blumengeschäft. Dort erbat ich mir ein kleines Stück vom weichen Blumendraht so etwa 30 cm lang. Weiter ging es in den Drogeriemarkt gleich nebenan. Dort kaufte ich ein Päckchen Watte. Zurück im Laden, machte ich mich an die Arbeit – denn ein Nikolaus braucht einen Bart ohne Frage, das war ein klarer Auftrag.

Ich fädelte den Blumendraht durch den oberen Rand des Wattestrangs. Die Enden des Blumendrahtes befestigte ich rechts und links an der Krempe der Wollmütze so etwa in Augenhöhe. Nun führte ich den Draht unterhalb der Nase entlang und schon hing der Wattestrang da, wo der Bart des Nikolaus auch hingehört. Den oberen Rand der Watte zupfte ich zu einem Schnurbart zurecht. Mit der Schere schnitt ich ein Loch in die Mitte der Watte, so dass der Nikolaus auch mit den Kindern reden konnte. Zum Schluss stutzte ich die Watte rechts und links mit der Schere zu einem würdevollen Bart zurecht.

Der Mann wusste gar nicht, wie ihm geschah. Geduldig streckte er seinen Kopf zu mir und ließ mich einfach machen. Als die Arbeit getan war, meinte er, dass ich ihm jetzt wirklich aus der Patsche geholfen hätte. Ich freute mich, wünschte ihm gute Weiterfahrt. Als er aus dem Laden trat, drehte er sich kurz noch einmal um, zwinkerte mir zu und nuschelte durch seinen Bart: „Vergelt's euch Gott, liebe Frau!"
In diesem Moment war mir tatsächlich so, als sei mir der Nikolaus begegnet – wer weiß?

Der Nikolaus

Nr. 3
Text & Musik: Isolde Lommatzsch

Refrain

Der Ni-ko-laus, der Ni-ko-laus, der stapft von Haus zu Haus. Er
ruft: „Ho-ho", er lacht: „Ha-ha, nun bin ich wie-der da!" Er
ruft: „Ho-ho", er lacht: „Ha-ha, nun bin ich wie-der da!"

Strophe

1. Die O-ma stellt wie im-mer die al-ten Stie-fel raus, es
muf-felt und es müf-felt – der ar-me Ni-ko-laus! „Ich
kann ja gar nichts rie-chen, mein Schnup-fen ist zu schlimm. Ich tu hier ein paar
Kek-se rein!" Und zack, schon sind 'se drin. „Und zack, schon sind 'se drin."

Refr.: *Der Nikolaus, der Nikolaus,*
der stapft von Haus zu Haus.
Er ruft: „Hoho", er lacht: „Haha,
nun bin ich wieder da!"
Er ruft: „Hoho", er lacht: „Haha,
nun bin ich wieder da!"

1. Die Oma stellt wie immer
die alten Stiefel raus,
es muffelt und es müffelt,
- der arme Nikolaus!
„Ich kann ja gar nichts riechen,
mein Schnupfen ist zu schlimm.
Ich tu hier ein paar Kekse rein!"
Und zack, schon sind ´se drin.
„Und zack, schon sind ´se drin!"

Refr.: *Der Nikolaus, der Nikolaus …*

2. Der Opa lässt am Schuppen
die Gartentreter stehn,
die findet unser Nikolaus
- kann er den Dreck nicht sehn?
„Ich hab ja keine Brille,
Wo hab ich die bloß hin?
Ich tu hier ein paar Äpfel rein!"
Und zack, schon sind ´se drin.
„Und zack, schon sind ´se drin!"

Refr.: *Der Nikolaus, der Nikolaus …*

3. Am Morgen findet Oma
die Kekse vor dem Haus
und Opa holt die Äpfel
aus seinen Tretern raus.
Sie lassen es sich schmecken:
„Wer hat das wohl gebracht?"
„Das war der gute Nikolaus,
er hat an uns gedacht."
„Ich hab an euch gedacht!"

Refr.: *Der Nikolaus, der Nikolaus …*

Aus der Weihnachtsküche:

heiße Punschrezepte und Nikolausnaschwerk

Die Weihnachtsküche hält zu Nikolaus folgende Speisen und Getränke bereit:

Kinderpunsch

Zutaten: 2 Früchtetee- und 1 Hibiskusteebeutel, 900 ml Wasser, 2,5 EL Zucker, große Zimtstange, 150 ml Orangensaft, 250 ml Apfelsaft

Das Wasser zum Kochen bringen. Die Teebeutel hineingeben, dann den Zucker, die Zimtstange und zum Schluss den Saft.

Heißer Apfelsaft mit Honig

Zutaten: naturtrüber, am besten frisch gepresster Apfelsaft, Honig, Zimtstangen

Apfelsaft mit den oben genannten Zutaten erwärmen – eine Köstlichkeit!

Heißes und duftendes aus dem Ofen

Wenn heiße Maroni und duftende Bratäpfel gemeinsam im Ofen braten – dann bringen Duft und Wärme Behaglichkeit ins Haus. Es wird richtig gemütlich, wenn alle zusammen sind und Maroni und Bratäpfel mümmeln.

Bratäpfel

Zutaten: große rote Äpfel, Rosinen, Pistazienkerne, evtl. Zucker, Zimt, Butter, evtl. Vanillesoße

Die Äpfel mit dem Apfelausstecher oder einem kleinen Messer vom Kerngehäuse befreien. Den Boden des Apfels geschlossen lassen! Rosinen, Pistazien sowie etwas Zimt und Zucker (nach Belieben) miteinander vermischen und die Äpfel damit füllen. Die Äpfel auf ein gefettetes Kuchenblech (Auflaufform) setzen und im Backofen (bei mittlerer Hitze) so lange braten, bis ein herrlicher Duft durch die Räume zieht und die Schalen der Äpfel braun werden. Etwas Vanillesoße über die Äpfel geben und noch warm genießen!

Heiße Maronen

Noch mehr Spaß macht das Rösten, wenn die Kastanien vorher im Wald bei einem Spaziergang selbst gesammelt wurden.

Zutaten: Kastanien oder Maroni (Gemüseladen), scharfes Küchenmesser, Backblech

Die Kastanien auf ihrer gewölbten Seite in Längsrichtung tief einritzen. (Vorsicht: Schnittgefahr!) Die so vorbereiteten Kastanien auf das Kuchenblech legen und in den Ofen schieben. Kastanien und Bratäpfel können gemeinsam im Ofen gebraten werden.

Marzipankartoffeln

Zutaten: 100 g Marzipanrohmasse, 1 EL Puderzucker, 30 g dunkler Kakao

Das Marzipan mit Puderzucker weichkneten. Kleine Bällchen formen und diese in einer Untertasse in Kakao wälzen.

Danke lieber Nikolaus

Bei uns in Süddeutschland kommt der Nikolaus erst am Abend, denn er hat ja einiges zu tun von Nord nach Süd. Wir rösten dann Maronen und Bratäpfel im Backofen und auf dem Herd köchelt ein herrlich duftender Punsch. Die zwei Kerzen auf dem Adventskranz werden entzündet und dann werden die Stiefel vor die Türe gestellt. Wir sitzen gemütlich beisammen, schälen die heißen Maronen, genießen die Bratäpfel mit Rosinen, Mandelstiften und Vanillesoße und wärmen uns am heißen Punsch.

Jedes Jahr klopft es dann irgendwann tatsächlich an der Tür. Und da wir wissen, was sich gehört, singen wir lauthals Nikolauslieder. Danach stürmen wir die Holztreppe hinunter, öffnen die Haustüre und tatsächlich, der Nikolaus war da. In jedem Schuh steckt ein Tannenzweig, jede Menge Nüsse kullern auf der Türschwelle und hier und da blitzt das Papierchen einer Süßigkeit aus den Schuhen heraus. Dann ist es Tradition, sich für die Gaben beim unsichtbaren Geschenkebringer zu bedanken, und die ganze Familie ruft ein fröhliches „Danke lieber Nikolaus!" die enge Gasse hinunter.

Ein Jahr war es anders. Wir waren diesmal nur zu zweit und so konnte das gemütliche Familienbeisammensein am Nachmittag nicht wie gewohnt stattfinden. Damit wir uns nicht so allein fühlten und um uns etwas abzulenken, fragte ich meine Tochter, ob sie dieses Jahr mit mir „dem Nikolaus helfen wolle". Schnell verstand sie den Hintersinn und willigte vergnügt ein. So bummelten wir zu zweit bis in den späten Abend über den Markt. Hier fanden wir für unsere Lieben ein paar warme Handschuhe, dort einen Schal und woanders ein hockendes Engelpaar. Wir ließen uns von der stimmungsvollen Atmosphäre anstecken, wärmten uns bei Weihnachtspunsch und heißen Maroni und genossen mitten im Trubel unsere Zweisamkeit. Als wir dann endlich zuhause waren, schlich sich wieder etwas Wehmut bei uns ein. Doch auf uns sollte noch eine Überraschung warten!
Als meine Tochter nach dem Zähneputzen in ihr Dachzimmer kam, war ihr Bett bedeckt mit Nüssen, Äpfeln, Süßem ... Ganz gerührt stieg sie auf ihr Bett, öffnete das Dachfenster und rief freudig „Danke lieber Nikolaus!" in die Nacht hinaus.
Schmunzelnd drehte ich mich zur Tür meines eigenen Schlafzimmers. Doch was war das? Auch auf meinem Kopfkissen lagen kleine Nikolausüberraschungen. Der Nikolaus hatte tatsächlich auch an mich gedacht. So stieg ich auf mein Bett, klappte die Dachluke auf und rief „Danke lieber Nikolaus!" zur anderen Seite des Hauses hinaus. Am nächsten Tag meinten die Nachbarn augenzwinkernd: „Diesmal kam der Nikolaus aber recht spät in euer Haus!"

Sich und anderen etwas wünschen

Weihnachtszeit ist die Zeit, sich und anderen etwas zu wünschen. Das kann man in Gedanken tun, mit Worten, auf Grußkarten schreiben oder auch auf Wunschzettel. Die Wunschzettel gibt es etwa seit dem 19. Jahrhundert. In Köln schrieben die Kinder Briefe an den heiligen Nikolaus, die sie in einem besonderen Beichtstuhl im Dom einwarfen. Heute gibt es verschiedene „Weihnachtspostämter" mit passenden Namen wie Nikolausdorf, Sankt Nikolaus, Himmelspfort, Himmelsthür und Engelskirchen. Wenigstens 150 Jahre lässt sich der Brauch zurückverfolgen, an das Christkind oder den Weihnachtsmann zu schreiben.

Wunschzettelengelein für die Großen

Material: Zettel, Stifte, Körbchen

Dies ist eine kleine Anleitung für große Leute. Stellt euch vor ihr gestaltet einen Elternabend oder ihr sitzt mit den KollegInnen zusammen oder zuhause am Küchentisch. Wie das mit dem Wünschen funktioniert, wird in der folgenden Geschichte beschrieben. Nun wünscht sich jeder etwas, das nicht zu kaufen ist, und schreibt diesen Wunsch auf ein Zettelchen. Dann geht einer der Beteiligten als wahrhaftiges Wunschzettelengelchen mit einem Körbchen umher und sammelt alle Zettel ein, mischt sie ordentlich durch und lässt nun alle ein neues Zettelchen ziehen. Die guten Wünsche werden dann im Kreis laut vorgelesen. Der eigene gezogene Zettel kann dem einen oder anderen eine neue Perspektive geben. Da alle in der Gruppe alle Wünsche hören, entsteht ein Gesamteindruck, was denn so die Wünsche sind, an denen gearbeitet werden kann ...

Das Wunschzettelengelein

Wünsche sind was Wunderbares. Wer immer alles hat, der verpasst das große Gefühl der Freude, das sich einstellt, wenn man einen Wunsch hegt, der so richtig von Herzen kommt. Denn viele Wünsche gehen auch heute noch in Erfüllung. Vielleicht nicht gleich und genauso, wie man sie bestellt hat. Aber irgendwie dann schon, wenn man es sich im Nachhinein mal genau überlegt.

Ihr fragt, wer diese Wünsche denn erfüllt? Nun ja, viele glauben, es ist das Wunschzettelengelein. Immer wenn ein Kind sich etwas wünscht, kommt ganz unsichtbar das Wunschzettelengelein hereingeflogen, nimmt den Wunsch – egal ob er nur gedacht, gesagt oder aufgeschrieben wurde – und bringt ihn direkt in den Himmel. Dort wird er dann bearbeitet. Alle Engel überlegen sich gemeinsam, wie der Wunsch wohl gemeint war und wie er am besten erfüllt werden könnte, sodass er am Ende dem Wünschenden auch tatsächlich nützt.

Zu Weihnachten ist es nun der Brauch, richtige Wunschzettel zu schreiben. Wir machen das immer so, dass wir die Wunschzettel vors Fenster legen, dann hat es das Wunschzettelengelein ein bisschen einfacher, alle Wünsche einzusammeln – denn in der Weihnachtszeit hat es ja besonders viel zu tun.

Und siehe da, am nächsten Morgen ist er abgeholt – der Wunschzettel. Nach vielen Jahren kann es nun passieren, dass der Wunschzettel in irgendeiner Schublade wieder auftaucht. Wie das kommt? Ganz einfach, das Wunschzettelengelein ist manchmal so gründlich, dass es die Zettel mit den bereits erfüllten Wünschen wieder ins Haus zurückbringt, ganz so wie einen Lieferschein – ist euch das auch schon mal passiert?

Ach und dann will ich eines nicht vergessen, am besten funktioniert das mit den Wünschen, die man sich nicht kaufen kann. Probiert's mal aus. Schließt die Augen und überlegt euch so einen Wunsch – vielleicht geht er ja schon bis Weihnachten in Erfüllung.

Wünsche

Nr. 14
Text & Musik: Isolde Lommatzsch

1. „Was wünschst du dir in die-sem Jahr zum Weih-nachts-fest?", frag ich Pa - pa. Dem Pa - pa fällt nach Kur-zem ein: „Ich möch - te gern zu Hau - se sein!"

Refrain

Papa: „Lan - ge schla-fen, Kind: „Lei, lei - lei - lei, Papa: ganz fein es - sen, Kind: lei, lei - lei - lei, Papa: et - was spie-len Kind: lei, lei - lei - lei, Beide: und das Schmu - sen nicht ver - ges - sen.

2. „Was wünschst du dir in diesem Jahr
zum Weihnachtsfest?", frag ich Mama.
Die Mama meint: „Es wär' doch nett,
wenn auch ich mal Urlaub hätt!."

(Mama):   *(Kind:)*
Lange schlafen,   Lei. lei-lei-lei,
ganz fein essen,   lei, lei-lei-lei.
etwas spielen,   lei, lei-lei-lei
        (beide):
und das Schmusen nicht vergessen.

3. „Was wünschst du dir in diesem Jahr?",
fragt mich Mama, fragt mich Papa.
Ich sage nur, wie schön ich's find'
dass wir drei zusammen sind.

(Papa / Mama):   *(Kind):*
Lange schlafen,   Lange fernsehn,
ganz fein essen,   Süßes essen,
etwas spielen,   immer spielen
        (alle drei):
und das Schmusen nicht vergessen.

Weihnachtspost

Die Idee der Weihnachtspost stammt von einem schottischen Buchhändler, der 1841 als Erster Weihnachtspostkarten angeboten hat. Hier ein paar Ideen, mit Kindern Weihnachtskarten selbst zu gestalten.

Weihnachtskarte Schneekristall

Material: buntes Tonpapier (DIN A5), weißes Papier (DIN A5), buntes Papier vom Zettelblock (10 x 10 cm), Schere, Klebestift, Silberglitter

Das Tonpapier einmal zur Grußkarte falten. Das weiße Papier ebenso falten und in die Grußkarte legen. Hierauf kann später geschrieben werden. Einen bunten Zettel (10 x 10 cm) viermal (längs, quer und zweimal diagonal) falten und wieder aufklappen. Mit dem Klebestift alle Faltlinien nachziehen, Glitter draufstreuen, schütteln und schon ist ein Schneekristall zu sehen.
Den Schneekristall auf die Grußkarte kleben.

Weihnachtskarte mit Aquarell

Material: Passepartoutkarten, Aquarellfarben, Pinsel, Schere, Klebestift

Die Kinder malen mit Aquarellfarben ein freies Farbenspiel auf weißes Papier. Sind die Farben getrocknet, klappen sie die Karte auf und lassen den „Rahmen" des Passepartouts über ihr Blatt wandern. Gefällt ihnen ein Ausschnitt besonders, umranden sie die Karte, schneiden ihr Bild in entsprechender Größe aus und schieben es in den Rahmen der Passepartoutkarte. – Die Wirkung ist verblüffend und wahre Kunstkarten entstehen!

Weihnachtsstempel

Material: Kartoffeln, Küchenmesser, kleine Plätzchenausstecher (Tannenbaum, Herz, Stern, Engelchen, Vögelchen ...), Wasserfarbe

Die Kartoffeln in der Mitte teilen. Das Ausstecherle in die Mitte der Kartoffel drücken und mit dem Küchenmesser den Rand ca. 1 cm tief bis zum Motiv wegschneiden, sodass das Motiv erhaben steht.
Nun das Motiv auf der Oberseite mit einer Farbe nach Wahl bemalen und den Stempel auf einem Stück Papier probestempeln. So bekommen die Kinder ein Gefühl dafür, wie viel Farbe sie auftragen zur optimalen Stempelqualität.

Weihnachtskarte Fensterbild

Material: weißer Fotokarton (DIN A5),
Butterbrotpapier, Buntstifte, Schere,
evtl. Teelicht, Weihnachtsstempel „Vogel" (S. 57)

Eine Fenstervorlage aus Fotokarton zeichnen und
die Scheiben des Fensters ausschneiden. Die Kinder klappen ihren Fotokarton einmal, legen die
Schablone auf die Vorderseite der Karte, umranden sie und schneiden die Fenster aus.
Das Fenster auf Butterbrotpapier legen und so auf
Maß schneiden, dass es genau hinter das Fenster
als „Glasscheibe" passt.
Auf den Vogelstempel Farbe auftragen und auf
das Butterbrotpapier stempeln. Wenn die Farbe
getrocknet ist, das Fenster mit dem Butterbrotpapier hinterkleben.

Tipp: Die Grußkarte kann auch als „Fensterbild"
aufgestellt und von innen mit einem Teelicht erleuchtet werden.

Das Weihnachtspostamt

*Wer kennt sie nicht, die gute alte Kinderpost. Zu
Weihnachten wird sie im Freispiel ganz aktuell.*

Material: Stifte, Briefumschläge, Stempelkissen
oder Farbe, selbst gemachte Weihnachtsstempel
(s.o.), Kleberchen mit Weihnachtsmotiven, wenn
vorhanden Buchstabenstempel der Kinderpost,
Minibriefmarken, Schnur, Packpapier

Mit dem Weihnachtspostamt können die Kinder
im Freispiel nach Lust und Laune Briefe schreiben,
malen, verhübschen und stempeln, Pakete packen
und so weiter.
Wollen die Kinder „in echt" ihre Weihnachtspostkarten (s.o.) verschicken, so helfen Erwachsene bei
der richtigen Anschrift und mit einer „echten"
Briefmarke.

Auf dem Weihnachtsmarkt

Nr. 18
Text & Musik: Isolde Lommatzsch

Refrain: *Auf dem Weihnachtsmarkt*
steh ich Tag für Tag
in meiner kleinen Hütte
auf des Marktes Mitte,
auf dem Weihnachtsmarkt
Tag für Tag.

1. Hier gibt's süße Sachen für die Kinder:
Zuckerwatte, Mandeln und Konfekt.
Glühwein finden Große noch gesünder,
weil er kalte Füße wieder weckt.

Auf dem Weihnachtsmarkt ...

2. Hier gibt's viele wundervolle Dinge:
Püppchen oder Kugeln für den Baum,
Lichterketten, Pfefferkuchenherzen;
hier erfüllt sich jeder einen Traum.

Auf dem Weihnachtsmarkt ...

3. Abends schließe ich das kleine Häuschen,
Frau und Kinder warten schon daheim.
Ein paar Nüsse schenk ich meinen Mäuschen:
„Morgen werd´ ich wieder bei euch sein."

Auf dem Weihnachtsmarkt ...

Weihnachtsmärkte

Im 14. Jahrhundert kam der Brauch auf, in der Vorweihnachtszeit Märkte abzuhalten. Handwerkern wie Spielzeugmachern, Korbflechtern, Zuckerbäckern wurde erlaubt, Verkaufsstände auf dem Marktplatz zu errichten, um Spielsachen zu verkaufen. Schon damals wurde auch das leibliche Wohl der Marktbesucher berücksichtigt. Es gab geröstete Kastanien, Nüsse und Mandeln zum Wohlbefinden. Zu den bekanntesten Weihnachtsmärkten gehören der Nürnberger Christkindelsmarkt, der Münchner Christkindlmarkt und der Dresdner Striezelmarkt .

Maronen, außerdem für eine Klitzekleinigkeit als Herzensding vom Weihnachtsmarkt. Zuerst einen gemeinsamen Treffpunkt vereinbaren, falls ein Kind verloren geht. Auch eine Handynummer in der Hosentasche ist sinnvoll. So können andere Weihnachtsmarktbesucher dem verlorenen Kind schnell Kontakt zur Weihnachtsmarktbegleitung vermitteln.

Gemeinsam schlendert die Gruppe über den Markt, betrachtet die Auslagen der Stände und unterhält sich darüber, was wer anbietet, was schön ist oder weniger schön. Jedes Kind betrachtet alles genau, um später entscheiden zu können, was denn ein wirkliches Herzensding wäre, was auch nicht zu teuer ist. Denn bei einem Weihnachtsmarktbesuch gibt es nur eine Kleinigkeit, große Dinge kann man sich nur wünschen! Die werden nicht so einfach gekauft!

Gemeinsam den Weihnachtsmarkt besuchen

Zur Vorbereitung die Termine der Weihnachtsmärkte in der Region recherchieren. Am besten ist der Weihnachtsmarkt der eigenen Gemeinde oder Stadt geeignet, da die Kinder hierzu am meisten Bezug haben. Jedes Kind sollte ein bisschen „Marktgeld" in der Tasche haben für einen Kinderpunsch, vielleicht eine Waffel oder geröstete

Der Weihnachtsbasar

Die Kinder haben nun schon so viel gebastelt in der Weihnachtswerkstatt, in der Weihnachtsgärtnerei, in der Wichtelwerkstatt, dass damit im Kindergarten oder der Schule ein eigener Weihnachtsbasar gestaltet werden kann, manche Einrichtungen nehmen auch einfach mit einem Stand am hiesigen Weihnachtsmarkt teil. Vergleiche Projektideen im Anhang (S. 117).

Wichtelmütze und Butzelmann

Dieses Jahr findet zum ersten Mal ein Weihnachtsmarkt im nahegelegenen
Benediktinerkloster statt. Der Markt ist ansprechend gestaltet und als
Windschutz sind um alle Stände herum breite Holzstapel meterhoch
aufgeschichtet. Nur an meinem Stand fehlt dieser Holzstapel, weil hier der
Stromverteilerkasten für alle steht. Es zieht und ist eisigkalt, so ziehe ich die
dunkelrote Wichtelmütze weit über die Ohren und wickel den langen
Zipfel mehrfach um den Hals. So hab ich wenigstens um die Ohren warm und
kann erstmal den Stand aufbauen und das Spielzeug darauf herrichten.
Als auch noch die Lampen das Spielzeug ins rechte Licht bringen,
beschließe ich, nach einer Plane Ausschau zu halten, um den Stand vor dem
eisigen Wind besser zu schützen.

Kaum gehe ich los, treffe ich auf einen Benediktinermönch in seiner langen
schwarzen Kutte – seinem „Butzelmann", wie er selbst dazu sagt. Wir grüßen
beide, doch bin ich unsicher, wie ich den Mönch denn anzureden habe. „Ich bin
Bruder Pius und wir Brüder im Kloster siezen uns." Ich erzähle ihm vom
zugigen Stand und Bruder Pius zeigt sich sogleich hilfsbereit. Gemeinsam
gehen wir nun zur Klostergärtnerei, er in seinem schwarzen Butzelmann und
ich mit meiner roten Wichtelmütze.

Die Leute um uns herum wunderten sich ein wenig über das seltsame Gespann.
Nachdem wir nun gemeinsam, sowohl eine Plane gefunden haben, als diese
auch erfolgreich von außen angebracht haben, frage ich Bruder Pius, ob ich
ihn denn nach getaner Arbeit nun zu einem heißen gewürzten Wein einladen
dürfte. „Warum denn nicht", lacht er vergnügt. Und so stehen Wichtelmütze und
Butzelmann am Ausschank und reden über Gott und die Welt.

Ich beschließe meinen polnischen Nachbarjungen mit Bruder Pius bekannt zu
machen. Da die Familie sehr gläubig ist, wäre es für den Jungen doch bestimmt
ein Erlebnis, das Kloster mit Bruder Pius näher zu ergründen. Bruder Pius
und Matheusz ziehen nun gemeinsam weiter und ich an meinen Stand zurück.
Doch schon nach kurzer Zeit sind beide wieder da. Der Mönch lächelt mich
wissend an: „In die Klosterkirche wollt er nicht, da war er schon des öfteren mit
seinen Eltern. Den Forellenteich hat er sich nur flüchtig angesehen und dann
gefragt, ob wir uns noch mehr anschauen müssten. Ich glaube, er will einfach
mit euch am Stand Spielzeug verkaufen." ... Und richtig,
Matheusz führt schon einem Kind zufrieden lächelnd ein Spielzeug vor.

Spielzeug-Weihnachtsmarkt

Material: 1 Schuhkarton pro Kind,
Schere, Stifte, Kleber, Stoffreste,
kleine Weihnachtsfigürchen, kleines Spielzeug,
kleine Süßigkeiten etc., kleine Tannenzweige,
Lichterkette, Stricknadel

Den Schuhkarton seitlich nach oben stellen. Den
Deckel längs einmal teilen. Die eine Hälfte als
Markise auf den Schuhkarton legen. Die andere
Hälfte in den Karton schieben als Ladentheke.
Fertig ist der Marktstand. Nun kann jedes Kind
seinen Stand nach Belieben dekorieren. Die Stoffreste dienen als Decken. Die Figürchen und Mini-
spielzeuge oder Minisüßigkeiten als Verkaufs-
sachen. Eine Spielfigur von ca. 10 cm kann Verkäufer sein …

Hat jedes Kind seinen Stand dekoriert, werden alle
zusammen zu einem großen Weihnachtsmarkt im
Kreis zusammengestellt. Eine Lichterkette mit Mi-
nibirnchen über alle Stände legen. Mit der Stricknadel in die Mitte jedes Standdaches kleine Löcher bohren, hierin die Birnchen der Lichterkette
stecken, so sind alle Stände auch innen beleuchtet.

Hörst du meine leise Stimme?

Nr. 16
Text & Musik: Isolde Lommatzsch

Hörst du meine leise Stimme übers große weite Meer? Dieses
Liedchen will dir sagen: Denk an mich, ich bitte dich so sehr. Medi-
zin für meine Mama, sie ist krank und gar nicht alt, warme
Decken für die Kinder, in der Nacht ist es so kalt. Ach, es
gibt so viel zu wünschen, doch am meisten wünsch ich mir so ein
Buch mit bunten Bildern und vielleicht ein kleines Kuschel-tier.

Einleitung: Hörst du meine leise Stimme
übers große weite Meer?
Dieses Liedchen will dir sagen:
Denk an mich, ich bitte dich so sehr.

1. ¿Oyes mi voz silenciosa
que cruza oceanos?
La canción quiere decirte,
te lo pido por favor a vos.

Remidio para mi madre,
esta mal estos dias.
gruesas mantas pa` los niños
que las noches muy frias.

Muchas cosas que extraño,
que realmente quiero;
un osito de peluche,
y quizá cosas comoun libro.

2. Can you hear my whispering voice,
travelling over land and sea?
Now this song just wants to tell you:
I'd like you to really think of me.

Medicine for my poor mama,
she is ill, yet not so old,
and warm blankets for the children,
oh, the nights here are so cold.

63

Well, there is so much I'm missing,
this would really make me cheer:
such a book with coloured pictures
and perhaps a little teddybear.

3. Hörst du meine leise Stimme
übers große weite Meer?
Dieses Liedchen will dir sagen:
Denk an mich, ich bitte dich so sehr.

Medizin für meine Mama,
sie ist krank und gar nicht alt,
warme Decken für die Kinder,
in der Nacht ist es so kalt.

Ach, es gibt so viel zu wünschen,
doch am meisten wünsch' ich mir
so ein Buch mit bunten Bildern
und vielleicht ein kleines Kuscheltier,
y quizá un libro pa' leer,
and perhaps a little teddybear.

An die Anderen denken

An Weihnachten nehmen wir uns Zeit uns zu überlegen, was wir anderen Gutes tun könnten. Vielleicht gibt es da auch irgendeine Möglichkeit an Kinder zu denken, die weit weg von uns wohnen und die es nicht so gut haben, wie die Kinder in Europa. Ein Tipp wäre da, sich in der eigenen Kirchengemeinde umzuhören, welche Hilfspro-jekte vor Ort unterstützt werden. Wer sich für das Kinderheim in Cusco interessiert, von dem die folgende Geschichte erzählt, der findet hier die Adresse der deutschen Trägereinrichtung:

Peru-Hilfe-Kraichgau e.V.
Eichendorffstraße 3
74925 Epfenbach
Tel. 06762/ 975110 (Silke Hanke)

Eine Herberge in den Anden

Nach dem Abitur wollte Till nicht gleich ein Studium anfangen, sondern erst mal weit verreisen und sich irgendwie nützlich machen. So kam es, dass er für ein Jahr in einem Kinderheim in Cusco in Peru gearbeitet hat. Zurück von der Reise erzählte er, dass in dem Heim 24 Jungen wohnen, die vorher in ärmsten Verhältnissen alleine auf der Straße gelebt haben, immer auf der Suche nach etwas zu Essen und einer Herberge für die Nacht. Ein bisschen Geld verdienen konnten sie sich höchstens mit dem Verkauf von Zigaretten nachts in Bars oder mit „Schuheputzen" in touristischen Zentren. Im Heim haben sie ein Dach über dem Kopf, finden Gemeinschaft mit anderen, bekommen Essen und können zur Schule gehen, denn eine Schulbildung schützt sie am besten vor Armut.
Es ist nicht einfach für Kinder, die alleine auf der Straße gelebt haben, einen geregelten Tagesablauf anzunehmen. Doch die Kinder, die hier leben, sind an den Alltag des Heimes nun gewöhnt. Alle tragen einen Teil zum Haushalt bei, gehen zur Schule, mittags wird gegessen und nach den Hausaufgaben und dem vom Heim angebotenen Englischunterricht ist Zeit zum Spielen bis zum Abendessen. Ich fragte Tilli, ob die Kinder denn überhaupt eine Chance für eine Ausbildung hätten und da erzählte er mir die schönste Geschichte, die natürlich eine ganz große Ausnahme ist.

Er erzählte von einem Jungen, der als Dreijähriger von der Straße aufgelesen wurde, der als kleiner Junge ganz verstört war und der sich jetzt nach 15 Jahren in diesem Heim so entwickelt hat, dass er heute sogar wegen besonderen Lernleistungen einen Studienplatz erhalten hat. Der Junge hilft heute noch im Heim mit, er hat irgendeinen Spitznamen, der hier nichts zur Sache tut.
Aber wisst ihr, wie er mit wirklichem Namen heißt? Er heißt Jesus. Das wird im Spanischen zwar anders ausgesprochen als bei uns. Aber er heißt wirklich so.

„Lucia mit der Wichtelschar"

13. Dezember

Mit der heiligen Lucia zieht das Volk der Wichtel und Heinzelmännchen ins Haus, denn Mitte Dezember gibt es nun viele heimliche Geschäftigkeiten, um Kinder an Weihnachten mit Überraschungen zu erfreuen. Das ist es ja, was für Kinder die Weihnachtszeit so spannend macht – die Zeit der Geheimnisse und heimlichen Vorbereitungen für das Fest. Mit dem Bild der Wichtel und Heinzelmännchen, die da nachts bei den Weihnachtsvorbereitungen helfen, erreichen wir die Kinder in ihrer Vorstellungswelt und sie haben Spaß dran, sich diese Wichte vorzustellen ..., noch mehr, wenn die Wichtel auch allerhand Blödsinn und Schabernack treiben. Gleichzeitig haben die Kinder auch Freude daran, selbst für Eltern und Geschwister heimlich etwas vorzubereiten, um ihnen an Weihnachten eine Freude machen zu können, so gibt ihnen die Wichtelwerkstatt Gelegenheit dazu.

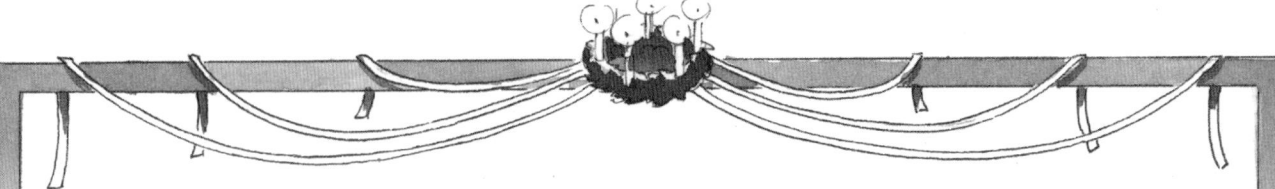

Wie die heilige Lucia nach Schweden kam

Lucia lebte vor vielen hundert Jahren, zu einer Zeit, in der Christen von den römischen Armeen des Kaisers verfolgt wurden, am südlichsten Zipfel von Italien in Syrakus auf Sizilien. Schon früh kümmerte sie sich um Arme und Bedürftige. Weil sie darin ihre Lebensaufgabe sah, wollte sie nicht heiraten, obwohl sie einem Mann schon versprochen war. Dieser war so erzürnt und verriet sie als Christin an die Obrigkeit. Sie wurde verfolgt und musste als Märtyrerin sterben. Erst lange nach ihrem Tod wurde sie heilig gesprochen.

Nun ergab es sich, dass im tiefsten Norden, im dunklen, kalten Schweden eine Namensvetterin von Lucia aufwuchs. Die schwedische Lucia wurde im Kloster erzogen und heiratete Eskil, einen sehr einflussreichen, wohlhabenden Mann, der als Berater des Königs viel unterwegs war. Auch die schwedische Lucia war mildtätig und barmherzig. In einer großen Notsituation half sie den Bauern mit den Vorräten aus dem Kornspeicher ihres Mannes. Als Eskil nun früher als erwartet mit vielen Gästen nach Hause zurückkehrte und die Kornkammern leer vorfand, wurde dieser so wütend, dass er ihr im Zorn nur bis zum nächsten Morgen Zeit ließ, um die Gäste fürstlich zu bewirten. Lucia glaubte, sie könne dies nicht schaffen und ihr letztes Stündlein habe geschlagen. In dieser Not betete sie zu ihrer Namensvetterin, der Schutzpatronin aus Sizilien. Die heilige Lucia erhörte sie im Himmel und erschien persönlich am Bett des Eskil im hellen Lichterschein mit einem Krug voll mit bestem, sizilianischen Wein. Als dieser nun von dem süßen, von der sizilianischen Sonne verwöhnten Wein gekostet hatte, war sein Zorn gemildert und er fiel in tiefen Schlaf. Auch den Gästen kredenzte die heilige Lucia den schweren Wein als Schlummertrunk. Da Eskil mit seinen Gästen nun lange schlafen würde, hatte seine Ehefrau ausreichend Zeit, mit ihrer Dienerschar zu schlachten, Fleisch zu braten und ein riesiges Frühstücksbuffet für alle Gäste zu bereiten. Selbst alle Wichtel und Heinzelmännchen des Hofes halfen tüchtig mit.
Als Eskil am anderen Morgen die reich gedeckte Tafel sah, war sein Herz gerührt. Lucia konnte ihm nun erzählen, wem sie alles in der Not geholfen hatte. Und als Eskil erkannte, dass darunter all seine Freunde waren, war er seiner Ehefrau sehr dankbar. Er versprach am gleichen Tag noch überall in seinem Reich Altäre für die Schutzpatronin aufstellen zu lassen, damit sie im eisigen Norden die Barmherzigkeit auch in dunkler Zeit bewahren möge.
Seit diesem Tag erscheint nun die sizilianische Lucia am 13. Dezember auch im hohen Norden. Die schwedischen Wichtel, Tomte und Nisse lassen es sich nicht nehmen, sie als treue Gefolgschaft bei der Lichterprozession zu begleiten.

Hinweis: Wer mehr zum Brauchtum der heiligen Lucia erfahren will, dem sei auch das Buch „Lichterfeste" aus dem Ökotopia Verlag empfohlen.

Die heilige Lucia ist die Trägerin göttlichen Lichts in der Dunkelheit. Ihr Name bedeutet: die Lichtvolle, aus dem lateinischen „lux" = Licht. Etwa 286 in Syrakus auf Sizilien geboren, starb sie als Märtyrerin. In Italien ist Lucia eine beliebte Volksheilige und das Lied von Santa Lucia ist in der ganzen Welt bekannt. In Italien gedenkt man der heiligen Lucia mit Lichterumzügen und Volksfesten. In Serbien, Kroatien und Ungarn wird Lucia ebenfalls gefeiert. Bis zur gregorianischen Kalenderreform 1582 fiel der Festtag der heiligen Lucia, der 13. Dezember, auf die Wintersonnenwende. Das Licht, die Sonne, stirbt und wird mit der Wintersonnenwende wiedergeboren. Die Wiederkehr oder Wiedergeburt des Sonnenlichts wird auch mit dem Brauch der Lichterschwemme am Vorabend gefeiert. In Schweden wird die Luciennacht als Mittwinternacht begangen. Das älteste Mädchen der Familie tritt am Morgen des 13. Dezember in einem langen weißen Kleid als Lucia auf. Es trägt auf dem Kopf einen immergrünen Kranz aus Ilex oder Preiselbeeren, in den brennende Kerzen gesteckt sind. Lucia weckt alle Familienmitglieder und serviert ihnen das Frühstück ans Bett. Beim öffentlichen Lichterumzug sind Lucia und ihre Freunde weiß gekleidet. Alle Kinder halten eine Kerze in der Hand und Lucia hat einen Kerzenkranz auf dem Kopf. Lucia trägt Licht und Hoffnung in die Dunkelheit der Welt.

Aus der Weihnachtsgärtnerei:

Lucienweizen und Wichtellichter

Lichterweizen säen

In Deutschland und Schweden sät man am 13. Dezember Lucienweizen. Ging die Saat bis Weihnachten auf, versprach man sich dadurch ein gutes Erntejahr.

Material: Weizenkörner (im Landmarkt ganzjährig zu erhalten), Löschpapier, Watte oder Erde, Blumentopfuntersetzer oder Kuchenteller

Die Weizenkörner auf Erde, Watte oder Löschpapier legen, gut feucht halten aber nicht nass und mit genügend Licht aufstellen. Bei Zimmertemperatur keimt der Weizen bis Weihnachten. Das wachsende Grün zeigt an Weihnachten dann neues Leben.

Wichtellichter

Material: Apfel, Haushaltskerze, Apfelausstecher oder kleines Haushaltsmesser, Tannenzweige

Einen Apfel auf den Tisch stellen und mit dem Apfelausstecher ein ca. 3 cm tiefes Loch so ausstechen, dass später die Kerze gerade zum Stehen kommt. Die Kerze hineinstecken und mit kurzen Tannenzweigen umgeben – so hat die Kerze einen besseren Halt.

Wichteltannenbaum

Da an Weihnachten auch das größte Jahresfest der Wichtel ansteht, stibitzen sie sich gerne heimlich einen Zweig des großen Tannenbaumes der Menschen. Und zwar nehmen sie dazu Zweiglein ganz unten am Stamm weg, sodass es die Menschen gar nicht merken. Sie schleppen sie in ihr kleines Heim, das sie damit weihnachtlich schmücken.

Material: Tannenzweige, Blumendraht, flacher Kerzenständer, „Baumschmuck" (Perlen, Ketten ...)

Die Kinder binden aus Tannenzweigen einen kleinen Tannenbaum, den sie in einen flachen Kerzenständer („Baumständer") stellen. Sie schmücken den Wichteltannenbaum mit kleinen Perlen („Weihnachtskugeln"), indem sie jeweils eine Perle auf Blumendraht fädeln und ans Ende der Tannenzweiglein binden. Auch vorhandene Ketten können sie auf das Bäumchen drapieren, ganz nach Erfindungsreichtum und Eigenkreation.

Wichtelwohnung

Wer will, kann den Wichteln auch eine Wichtelwohnung darum aufbauen.

Material: Puppenhausmöbel

Die Kinder stellen um den Wichteltannenbaum kleine Puppenstühle, vielleicht ein Puppenbettchen, eben was so alles da ist, und stellen die Wichtelwohnung an ein stilles geheimnisvolles Eckchen, denn so lieben es die Wichtel ...

Aus der Weihnachtsküche:

Luciakatzen und Kinderglögg

Luciakatzen

Wie an St. Martin gibt es am Lucientag auch Hefegebäck. Allerdings in Form von Lucienkronen, Sonnenrädern und Katzen, weil eine Legende erzählt, der Wagen von Lucia sei von Katzen gezogen worden.

Zutaten: etwas Milch, 40 g Hefe, 200 g Butter, 300 g Zucker, Salz, Safran, 1 Ei, 100 g Rosinen, 100 g gehackte Mandeln, 1 kg Mehl, 1 Eigelb

- Etwas Milch leicht erwärmen und die Hefe darin auflösen.
- Die Butter in einer Pfanne schmelzen und in eine Schüssel geben.
- Die aufgelöste Hefe, etwas Milch, Safran, Salz, Zucker, Rosinen und Mandeln beifügen. Das Mehl nach und nach unterkneten.
- Den Teig mit einem Tuch abdecken und auf die doppelte Menge aufgehen lassen.

Den Teig noch einmal durchkneten und in gleichgroße Portionen teilen.
Aus jedem Stück jeweils eine Katze formen, mit Eigelb bestreichen und bei 220° 10 Minuten goldbraun backen.

Kinderglögg

Die Menge richtet sich nach der Kinderanzahl.
Zutaten für 20 Kinder: 250 ml Johannisbeersirup, 3 Flaschen Apfelsaft, 5 ganze Nelken, 3 Stangen Zimt, 2 Orangenschalen, (wenn gewünscht) Zucker

Apfelsaft mit Johannisbeersirup mischen, die Gewürze zugeben, kurz aufkochen und anschließend ziehen lassen.
Beim Ausschenken die Gewürze absieben.

Frühstück bei Kerzenschein

Material: Adventskranz

Schön ist es am Lucienmorgen mit den Kindern einmal nur im Kerzenschein des Adventskranzes zu frühstücken. Dies ist zum einen ganz heimelig und verdeutlicht auch die Bedeutung des Lichts in der dunklen Jahreszeit.

Kleiner Lichterumzug durch das Haus

Wer mehr Licht ins Dunkel bringen will, der kann mit den Kindern auch einen Lichterumzug nach Lucia-Art durchs Haus veranstalten. Die Kinder können sich dazu als Lucia mit weißem Hemd und Krönchen verkleiden oder als Wichtel und Heinzelmännchen. In den Händen tragen sie jeder ein Apfellicht.

Material: für jedes Kind 1 Wichtellicht (S. 69), evtl. Verkleidesachen (weiße Nachthemden, Prinzessinnenkrönchen, Wichtelmützen oder einfache Wollmützen)

Im ganzen Haus wird das Licht gelöscht. Die Lucienkinder und Wichtel nehmen hintereinander Aufstellung. Sie schreiten durch alle Räume und singen gemeinsam Weihnachtslieder.

Wichteln am Lucia-Tag

Im Mittelalter war an Lucia Beschenktag für Mädchen und der Nikolaustag Beschenktag für Jungs. Damit jeder etwas bekommt, wie an Nikolaus auch, eignet sich der Lucia-Tag mit seinen Wichteln wunderbar dazu, gemeinsam zu wichteln.

Material: kleine Zettelchen mit Namen

Ein Erwachsener bereitet Zettel vor, auf denen jeweils ein Name aus der Gruppe steht. Die Zettel falten und mischen.
Jedes Kind zieht heimlich einen Zettel und beglückt am Lucia-Tag das gezogene Kind mit einer Kleinigkeit (für ca. 1,– € oder etwas selbst gebasteltes), indem es die Aufmerksamkeit heimlich in der Tasche des gewichtelten Kindes versteckt.

Wichtelschabernack

Wichtel lieben es, ein bisschen Quatsch zu machen. So prüfen sie den Humor ihrer Hausbewohner. Die Kinder setzen sich zur gemütlichen Wichtelspielerunde im Kreis zusammen.

Welcher Wichtel hat genascht?

Ein besonderer Leckerbissen für Wichtel und Heinzelmänner sind Weihnachtsplätzchen. So erklärt es sich, dass Weihnachtsplätzchen schon lange vor dem Weihnachtsfest immer weniger werden, obwohl alle im Haus beteuern, nicht genascht zu haben ...

Material: Untertellerchen mit Weihnachtsplätzchen

Drei Wichtel werden aus der Kinderschar ausgewählt. Sie setzen sich vor das Tellerchen mit den Weihnachtsplätzchen. Die anderen Kinder schließen die Augen und nur ein Wichtel stibitzt sich ein Weihnachtsplätzchen. Nun können die Kinder die Augen wieder öffnen und raten: Welcher Wichtel hat genascht? Wer es zuerst rät, darf nun Wichtel sein und gleich zwei Freunde mitbringen.

Spielzeug lebendig werden lassen

Wenn die Wichtel in der Nacht unterwegs sind und die Kinder schlafen, dann wecken sie gerne mitten in der Nacht das Spielzeug auf, um mit ihm zu spielen.

Material: viele verschiedene Spieldinge, die beim Spielen typische Geräusche machen (Aufziehautos, Musikuhren, Murmelbahn, Hammerspiel ...)

Die Kinder sitzen im Kreis, die Spielsachen liegen in der Kreismitte. Ein Kind beginnt mit dem Wichtelspiel. Alle Kinder schließen die Augen. Der Wichtel spielt kurz mit einem Spielding und setzt sich wieder auf den Platz. Die Kinder raten, welches Spielzeug zum Leben erweckt wurde. Wer es zuerst rät, wird Wichtel. Raten mehrere Kinder gleichzeitig, bestimmt das Wichtelkind, wer nächster Wichtel sein darf.

Wo ist der Schlüssel?

Beliebter Schabernack der Wichtel ist es, den Schlüssel des Hauses zu verstecken.

Material: Schlüssel

Ein Kind ist Wichtel, alle anderen verlassen den Raum. Der Wichtel versteckt nun den Schlüssel so, dass die Kinder ihn einfach durch genaues Hinschauen finden können, ohne irgendetwas zu berühren. Wer den Schlüssel entdeckt hat, sagt nichts und setzt sich einfach auf seinen Platz im Kreis. Die Kinder, die den Schlüssel gar nicht finden, werden am Ende mit „Heiß und Kalt" von den anderen Kindern zum Schlüssel gelotst.

Chaos im Kinderzimmer

Kennt ihr das? Ihr kommt ins Kinderzimmer und es sieht furchtbar aus. Bestimmt waren da mal wieder die die Wichtel am Werk!

Material: beliebige Dinge in einem Raum

2-4 Kinder (abhängig von der Gruppengröße) verlassen den Raum. Jeder der anderen Wichtel überlegt sich nun eine eindeutige Sache, die es im Raum verändern könnte (Papierkorb auf Tisch, Licht aus, Blumenvase verrücken usw.). Hat jedes Kind eine Veränderung im Raum vorgenommen, werden die Kinder von draußen hereingerufen. Diese raten nun, was sich verändert hat. Raten sie richtig, wird der betreffende Wicht, der dies verursacht hat, zum Heinzelmann und räumt es schnell wieder richtig.

Durcheinander an der Garderobe

Auch das ist ein weitverbreitetes Phänomen. Kurz vor einem Termin fällt der Blick auf das Schuhregal, doch was ist das? Nur ein Schuh ist auffindbar. Denn alle Schuhe liegen kreuz und quer vor dem Regal und nicht darauf ... Klar, wieder mal ein Wichtelspaß!

Material: Schuhe

Zwei Kinder gehen aus dem Raum. Die anderen ziehen alle ihre Schuhe aus und legen sie in der Kreismitte auf einen großen Haufen. Die beiden Kinder werden wieder hereingerufen und haben jetzt die Aufgabe, die Schuhe den anderen Kindern wieder zuzuordnen. Sie stellen vor jedes Kind ein Paar Schuhe. Erst, wenn alle Schuhe verteilt sind, wird nachgeschaut, ob Schuhe und Besitzer zusammenpassen. Wer mit den zugeteilten Schuhen zufrieden ist, der schlüpft wieder rein ... bestimmt sind noch ein paar Korrekturen notwendig!

Kleiderschabernack

Grade so kann es einem mit den Kleidern gehen, überall liegen Klamotten herum, doch wo ist nur der Lieblingspulli versteckt?

Material: Kleidungsstücke (am besten eignen sich Jacken)

Zwei Kinder gehen raus. Die anderen tauschen untereinander Kleidungsstücke aus. Die hereingerufenen Kinder ordnen nun die Kleider wieder richtig zu.

In der Wichtelwerkstatt

Besonders in der Weihnachtszeit wichtelt es im Haus wie sonst nie im Jahr.

Wichtel und Heinzelmänner helfen bei allen Geschenkvorbereitungen tüchtig mit, da wird gehämmert, gebohrt, gebastelt und genäht. Manchmal kann man es in der Nacht dann hören. Aber geht nie nachgucken, ob es die Wichtel sind, sonst verschwinden sie für immer aus dem Haus!

Vor Weihnachten sind die Wichtel in Festtagsstimmung und das heißt, sie bedanken sich bei allen lieben Menschen für die Aufnahme in ihrem Haus, für die Nachsicht bei kleinen Streichen. Überhaupt, die Wichtel sind wie ausgewechselt! So, als wollten sie um Weihnachten herum alles, einfach alles wieder gut machen und am besten noch gleich für das kommende Jahr ein paar Pluspunkte sammeln.

In der Wichtelwerkstatt

Nr. 7
Text & Musik: Isolde Lommatzsch

1. In der Wich - tel - werk-statt geht es im - mer - zu:

La - pi, la - pi - du, la - pi, la - pi - du.

Wenn die Wich - tel wer - keln, sin - gen sie da - zu:

La - pi, la - pi, la - pi, la - pi - du.

1. In der Wichtelwerkstatt geht es immerzu:
   lapi-lapi-du, lapi-lapi-du.
   Wenn die Wichtel werkeln, singen sie dazu:
   lapi-lapi-lapi-lapi-du.

2. Kleiner Wichtelhammer klopft den Takt im Nu:
   klopfe-klopfe-du, klopfe-klopfe-du.
   Kleiner Wichtelhammer klopft den Takt im Nu:
   klopfe-klopfe-klopfe-klopfe-du.

3. Und die alte Säge ritschelt immerzu:
   ritsche-ratsche-ru, ritsche-ratsche-ru.
   Und die alte Säge ritschelt immerzu:
   ritsche-ratsche-ritsche-ratsche-ru.

4. Dicker Wichtelbohrer brummelt ohne Ruh':
   brummel-brummel-du, brummel-brummel-du.
   Dicker Wichtelbohrer brummelt ohne Ruh':
   brummel-brummel-brummel-brummel-du.

5. Auch die Wichtelnadel summt ihr Lied dazu:
   stichel-stichel-du, stichel-stichel-du.
   Auch die Wichtelnadel summt ihr Lied dazu:
   stichel-stichel-stichel-stichel-du.

6. In der Wichtelwerkstatt hört man allerlei,
   klopfen, ritscheln, brummeln, sticheln ist dabei.
   Und die Weihnachtswichtel singen noch dazu:
   lapi-lapi-lapi-lapi-du.

Tanz- und Fingerspiel: Die Wichtelwerkstatt

Musik: In der Wichtelwerkstatt 🎵 Nr. 7

Die Kinder stellen sich in den Kreis, nehmen sich an die Hände, gehen zum Lied im Kreis herum und singen den Refrain „Lapidu Lapidu" ...
Sobald eine Tätigkeit der Wichtel besungen wird, setzen sich die Wichtel kreuz und quer in den Kreis und ahmen eifrig die besungene Tätigkeit nach:

Kleiner Wichtelhammer klopft den Takt im Nu:
klopfe-klopfe-du, klopfe-klopfe-du ...
Die Kinder hämmern pantomimisch

Und die alte Säge ritschelt immerzu:
ritsche-ratsche-ru, ritsche-ratsche-ru ...
Die Kinder sägen pantomimisch

Dicker Wichtelbohrer brummelt noch dazu:
brummel-brummel-du, brummel-brummel-du ...
Die Kinder bohren pantomimisch

Auch die Wichtelnadel summt ihr Lied dazu:
stichel-stichel-du, stichel-stichel-du ...
Die Kinder nähen pantomimisch

In der Wichtelwerkstatt, hört man allerlei,
klopfen, ritscheln, brummeln, sticheln ist dabei.
Die Kinder hämmern, sägen, bohren und nähen pantomimisch hintereinanderweg

Geschenke aus der Wichtelwerkstatt

Nun werden die Kinder selbst zu Wichteln und werkeln heimlich für ihre Lieben, die sie beschenken wollen. Diese Aktion eignet sich besonders gut für Kindergruppen in Kindergarten, Schule oder für Bastelnachmittage in der Freizeit, denn Eltern oder Geschwister, sollen ja diesmal nicht sehen, was da so gemacht wird. Hier ein paar einfache Geschenkideen aus Naturmaterialien, die leicht herzustellen sind. Diese Geschenke beziehen sich diesmal nicht auf weihnachtliche Motive, damit sie nicht nach Weihnachten ein Verfalldatum haben. Sie sind ganzjährig schön.

Duftkerzen

Material: Kerzenreste, ätherisches Öl nach Wahl (Zitrone, Orange, Lavendel, Tanne), Dochtschnur, Senfgläser, 1 alter Topf, Schaschlikstäbe, Glasmalfarbe, Pinsel

Die Kerzenreste schmelzen, ein paar Tropfen ätherisches Öl nach Wahl hinzugeben. Ein Erwachsener füllt das Wachs in die Gläser. Je nach Duft bemalen die Kinder ihr Glas dann mit einer Zitrone, einer Tanne usw.

Ozeankerzen

Material: blaue und weiße Kerzenreste, Kerzendochtschnur, Muscheln, Vogelsand, schöne Steinchen, Senfgläser, 1 alter Topf, Schaschlikstäbe

Den Kerzendocht am unteren Ende durch eine Muschel mit Loch fädeln. Diese in das Senfglas legen und mit Sand beschweren. Das Glas zu einem Drittel mit Vogelsand und Muscheln so befüllen, dass einige Muscheln am Glasrand senkrecht zum Stehen kommen. Den Schaschlikstab auf den Glasrand legen und den Docht daran befestigen.
Die Kerzenreste in den Topf geben und auf dem Herd verflüssigen. Ein Erwachsener befüllt die Gläser mit dem heißen Wachs. Nach dem Erkalten kann die Kerze entweder im Glas bleiben oder gestürzt werden.

Orientalisches Gewürz-Potpourri

Material: Zimtstangen, Nelken, Sternanis, getrocknete Ingwerwurzel, getrocknete Orangenscheiben, feiner Golddraht, getrocknete Rosenblätter, kleines Schälchen

Die Wichtelkinder umwickeln alle Gewürze mit feinem Golddraht und richten alles in einer Schale schön her.

Lavendelsäcklein

Material: Baumwollstoff (Reste), 40 g Lavendelblüten und 2 Tropfen Lavendelöl pro Säckchen, Nähmaschine, Kordel

Mit der Nähmaschine kleine Säckchen (ca.10 x 15 cm) nähen (Erwachsener). Diese mit Lavendelblüten füllen und mit Lavendelöl beträufeln. Mit der Kordel zusammenbinden.

Briefbeschwerer

Material: flache runde Kieselsteine (ca. 5 cm Durchmesser), Plakafarbe, Pinsel

Die Kinder bemalen die Steine auf der Oberseite mit einfachen Motiven nach Wahl. Beispielsweise mit einem Segelschiff oder Ähnlichem. Noch trocknen lassen und fertig ist der Briefbeschwerer.

Lesezeichen

Material: 1 Stückchen Leder (3 x 15 cm), Locher, Stickgarn, Perlen

Das Lederband an den Enden lochen. Hierdurch Stickgarnfäden ziehen und diese nach unten flechten oder kunstvoll verknoten und mit Perlen verzieren.

Filzhzopfbänder

Material: bunte Filzwolle, Neutralseife, Schüsseln mit warmem Wasser und 2 Eimer mit kaltem Wasser, Handtücher, Haargummis

Die Kinder zupfen sich etwas Wolle nach Farbwunsch vom Vlies, tauchen sie in warmes Seifenwasser und rollen daraus in ihren Händen 15 cm lange Würstchen. Für ein Zopfband filzen die Kinder 10-15 Wollwürstchen
Zum Schluss spülen sie die Filzwürste in kaltem Wasser aus und knoten sie mittig um das Haargummi. In einem Handtuch ausdrücken und trocknen lassen.

Muschelarmbänder

Material: Muscheln mit Loch, Perlen, Stickgarn, Schere

Vom Stickgarn 30 cm abschneiden. Eine besonders schöne Muschel in die Mitte des Fadens fädeln und rechts und links verknoten. Nun an beiden Seiten ein paar Knötchen als Abstandhalter machen. Dann ein paar Perlen einfädeln, dann wieder eine Muschel und so fort bis das Armbändchen um das Handgelenk reicht.
Der Beschenkte kann dann selbst das Bändchen am Handgelenk in der richtigen Länge zusammenknoten.

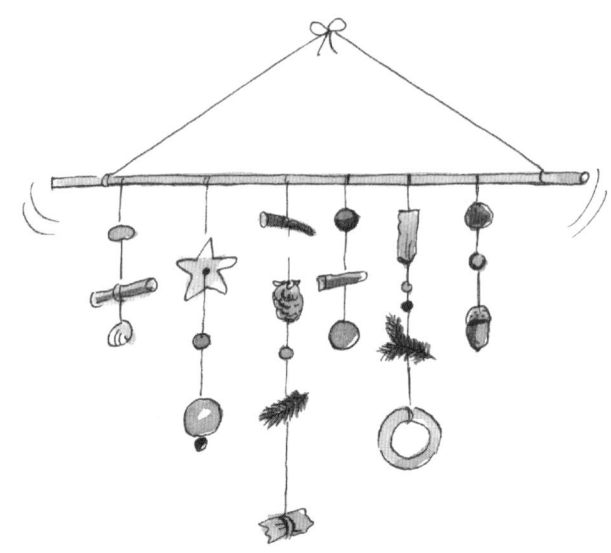

Naturmobile

Material: diverse Naturmaterialien (kleine Hölzchen, Rindenstückchen, kleine Tannenzapfen ...), Schnur, 1 Stöckchen (ca. 20 cm lang)

Von der Schnur 30 cm abschneiden und am Stockende rechts und links als Aufhängung befestigen. Dies nun an einem vorhandenen Nagel aufhängen. Unterschiedlich lange Schnüre quer über den Stab knoten und daran in unterschiedlichen Höhen die Naturmaterialien verknoten, auch hier dienen immer ein paar Knötchen dazwischen als Abstandshalter. Darauf achten, dass die Naturmaterialien so verteilt sind, dass kein Ungleichgewicht entsteht und das Mobile in der Balance bleibt.

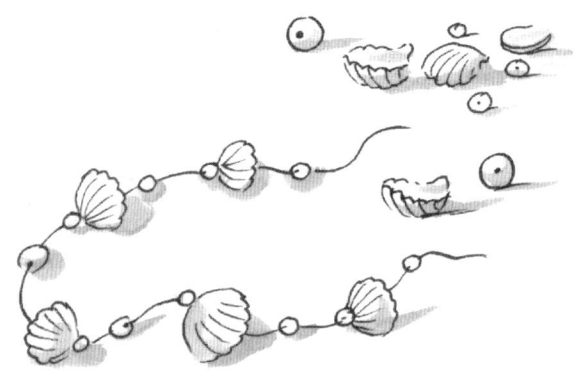

Gemeinsam Geschenke packen

Sind alle Geschenke fertig, packen die Kinder gemeinsam ihre Geschenke, dazu den Raum stimmungsvoll vorbereiten. Auf einem großen „Packtisch" genügend Geschenkpapier, Kleberollen, Scheren und bunte Geschenkbänder richten. Als Geschenkbänder eignen sich die großen Rollen mit verschiedenfarbigen dünnen Geschenkbändern aus Papier. Besonders schön sieht es aus, wenn zwei unterschiedlich farbige Bänder für ein Geschenk ausgewählt werden. Den Kindern macht es auch Spaß, die Enden der Bänder nach dem Binden der Schleife noch mit der Schere zu Löckchen zu ziehen.

Bevor es ans eigentliche Packen geht, „üben" die Kinder mit den nachfolgenden zwei Spielen, wie das Packen so vor sich geht. Danach geht's ans eigentliche Geschenkpacken, dabei helfen Erwachsene, wenn mal was nicht so klappen will wie gewollt ...

Viele kleine Päckchen packen

Material: 3er-Würfel, Geschenkpapier, Tesafilm, Schere, Geschenkbändel, Schachteln (Bauklötze)

Jedes Kind hat ein Schächtelchen (oder Bauklotz) vor sich. Gewürfelt wird reihum.

• Würfelt ein Kind eine Eins, darf es mit dem ersten Schritt beim Packen beginnen, bei jeder weiteren Eins geht es zum nächsten Schritt des Packvorgangs:

1. Schritt: Papier abschneiden für das Päckchen
2. Schritt Päckchen einwickeln (vorne einschlagen, hinten einschlagen, rechts einschlagen mit Ecken, links einschlagen mit Ecken)
3. Schritt mit Tesafilm zukleben
4. Schritt Bändel darum binden

Nun kommt der Witz bei der Sache:
• Würfelt ein Kind eine Zwei, werden alle Pakete einmal nach links weitergegeben.
• Würfelt ein Kind eine Drei, werden alle Pakete einmal nach rechts weitergegeben.

Dabei kann man Glück oder Pech haben. Vielleicht ist das nächste Päckchen schon weiter gepackt als das eigene. Oder eben noch nicht so weit im Packvorgang...

Gewonnen hat, wer zuerst das gerade vor sich liegende Päckchen fertig packen kann ...

Gemeinsam ein großes Paket packen

Große Geschenke packen Wichtel einfach gemeinsam ein. Damit sie dabei großen Spaß haben, machen sie ein Spiel daraus!

Material: großer Karton, Weihnachtspapier, Geschenkband, Tesafilm, Schere, Farbwürfel

Der Karton mit den anderen Materialien liegt in der Kreismitte. Gewürfelt wird reihum. Wer zuerst die Grün würfelt, darf mit dem Paketpacken beginnen. Wer ebenso Grün würfelt, darf mitmachen. Bei Rot stoppt das Geschenkepacken und die Wichtel verharren in ihrer Bewegung – sie versteinern bis das nächste Grün sie wieder zum Leben erweckt. Wer Grün gewürfelt hat, darf ebenfalls mitpacken. Das Spiel geht so lange, bis das Paket fertig gepackt ist.

Himmlische Zeiten für Katzenkinder

Heute habe ich mir vorgenommen, die Weihnachtsgeschenke für meine Lieben schön einzupacken, und mir fürs reibungslose Päckchenpacken Geschenkpapier, Tesafilm, Schere und Bändel ordentlich bereitgelegt. Alle Geschenke liegen auf dem Boden verstreut. Jetzt geht's ans erste Päckchen. Kaum habe ich das Geschenkpapier ausgerollt, da passiert das Unglaubliche: Mit einem riesen „Krawasch!" hat das Papier von unten eine Beule und all meine Ordnung ist dahin! Ich schimpfe und zwei getigerte Katzenpfötchen krallen unter dem Papier nach meinen Fingern. „Hörst du wohl auf, das ist eine wichtige Angelegenheit!" Die Katze scheint zu verstehen und springt flugs unters Sofa. Ich schneide das Papier zurecht, will mir gerade die Geschenkbandrolle greifen, als der nächste Angriff vom Sofa her kommt! Kätzchen ist schneller als ich und kugelt sich mit dem Bändel schon längst unterm Couchtisch in Rückenlage. Die Hinterpfoten stoßen das Bändel weg und weg und weg, doch die Vorderpfoten gewinnen und halten das Bändel fest. Ich misch mich ein, will das Bändel erhaschen. Katze ist glücklich und denkt: „Juhu sie spielt mit mir!" Geduldig versuche ich wenigstens ein Ende zu ergattern. Ziehe daran, bis ich genau die notwendige Länge Band habe, schneide es schnell ab und wickel es um das Geschenk. Ich binde gerade die Schleife, da kommt der nächste Überfall! Katze zieht am einen Ende – meine Schleife ist wieder auf. Ich ergebe mich, sonst reißt noch das Geschenkpapier, und verzichte aufs Schleifenbinden. „Gut", denke ich, „dann schreib ich mit dem Bleistift auf ein Kärtchen, wem das Päckchen gehören soll! „Prima", denkt das Kätzchen, „Bleistift ist ja noch besser als Bändel, den könnte ich ja doch verkauen …
Wollte ich eigentlich Päckchen packen oder wollte ich Kätzchen beschäftigen? Das kann ja was geben, wenn erst der Christbaum geschmückt ist mit seinen baumelnden Kugeln in Katzentatzenhöhe …

Geschenke einpacken

Nr. 17
Text & Musik: Isolde Lommatzsch

1. Hier ein Püpp-chen, da ein Ted-dy und ein Schlit-ten für den Fred-dy.

Mit Pa-pier und Schleif-chen fein pack ich die Ge-schen-ke ein,

Refrain

mit Pa-pier und Schleif-chen fein pack ich die Ge-schen - ke ein.

1. Hier ein Püppchen, da ein Teddy
und ein Schlitten für den Freddy,

*mit Papier und Schleifchen fein
pack ich die Geschenke ein;
mit Papier und Schleifchen fein
pack ich die Geschenke ein.*

2. Mama schenke ich zwei Kerzen,
selbst gemachte Schokoherzen,

*mit Papier und Schleifchen fein
pack ich die Geschenke ein;
mit Papier und Schleifchen fein
pack ich die Geschenke ein.*

3. Was soll ich dem Papa geben?
das muss ich noch überlegen,

*mit Papier und Schleifchen fein
pack ich erst mal gar nix ein;
mit Papier und Schleifchen fein
pack ich einfach gar nix ein.*

Aus der Weihnachtsbäckerei:

Plätzchen backen

Plätzle backen

Oh, kennt ihr das auch? Alle haben schon gebacken, nur ihr noch nicht, weil Mama einfach nicht dazu kam? Heut am 3. Adventssonntag ist es endlich soweit. Mama verteilt an uns die alten bestickten Schürzen, die haben wir mal auf dem Flohmarkt entdeckt. Dann sucht sie im dicken Ordner die vergilbten Rezeptblätter mit den Fettflecken zusammen, holt die Backbleche raus und wir legen Backpapier drauf. Was brauchen wir alles? Mehl, Zucker, Eier, auch Mandeln, Kokosflocken, Schokoglasur ... Doch halt, zuallererst werden alle Weihnachts-CDs vom letzten Jahr zusammengesucht, auch die ganz kitschigen, die mit den Frank-Sinatra-Schnulzen. Heute ist der richtige Tag, alle hintereinander weg zu hören, wir brauchen ja auch den lieben langen Tag zum Backen. Und bei uns gehört Musik unbedingt zur Weihnachtsbäckerei dazu! Zunächst machen wir den Ausstecherleteig, der will ja ein wenig „ruhen" im Kühlschrank. Aus dem Eiweiß und Zucker schlagen wir Schnee für die Makronen. Mmmhh, die sind fein mit Kokosraspeln. Mit zwei Teelöffelchen setzen wir kleine Häufchen aufs Backblech. Den Ofen vorheizen – nicht so hoch so 160 Grad, dann rein mit den Makronen und durch die Scheibe geschaut, ob sie schon ein wenig braun sind – prima sie sind dieses Jahr nicht verlaufen! Wunderbar! Jetzt kommt die Lieblingsbäckerei. Den Teig aus dem Kühlschrank, halt, wo haben wir denn die Ausstecherle? Ah, hier in der Schublade liegen sie seit letztem Jahr. Ganz viel Mehl auf den Küchentisch streuen, Mama formt vor jedem Kind einen kleinen Teigklumpen und wellt ihn aus. Los geht's mit dem Ausstechen. Vorsichtig anheben, aufs Backblech setzen und weiter. Immer bleibt viel Teig übrig. Also noch mal zu einem Klumpen formen, Mehl streuen, wieder auswellen ... Allmählich ist schon mehr Mehl auf dem Fußboden als auf der Tischplatte. Da rutschen die Füße so schön auf dem Boden. Und wir sind auch schon gut bemehlt. Aus dem letzten bisschen Teig formen wir, was wir wollen, kleine Brötchen, einen Stern, mal gucken, ob die gut ausbacken. So das erste Blech kann rein. Nach 10 Minuten sind sie fertig, raus aus dem Ofen, ein bisschen abkühlen lassen. Jetzt kommt die schönste Arbeit: Verzieren! Puderzucker her, ein bisschen Zitronensaft hinein, dass er flüssig, wird – ach und jetzt noch unbedingt ein bisschen Lebensmittelfarbe, damit die Plätzchen auch schön bunt werden. Grün für die Tannenbäume, gelb für die Sterne, blau für das Schaukelpferdchen. Oh wir haben auch noch Liebesperlen, die setzen wir dem Tannenbaum als Kugeln noch obendrauf!

Gemeinsames Plätzchenbacken

Zuerst sammeln, welche Plätzchen denn dieses Jahr gebacken werden sollen. Immer wieder taucht mal ein neues Rezept im Freundeskreis auf. Die Rezepte herausschreiben, sehen, was alles gebraucht wird und dann im Supermarkt alles einkaufen. So und dann geht's los, jedes Kind eine Schürze an, Weihnachts-CD an und los geht's...

Backutensilien: Backbleche, Backpapier, Schere, Wellholz, Küchenmaschine, Teigschüsseln, Ausstechförmchen, Teelöffel, Tassen für die Glasur, Schürzen für die Kinder, Gebäckdosen, Servietten, Teller zum Abkühlen der Plätzchen, CD-Player, Weihnachtsmusik

Es hat sich bewährt, beim Plätzlebacken ein wenig arbeitsteilig vorzugehen. Die Kinder haben den meisten Spaß am Ausstechen und Verzieren der Plätzchen, darauf richtet sich ihre ganze Aufmerksamkeit. So empfiehlt es sich, dass Erwachsene den Teig bereiten und den Kindern für ihre Aufgaben „zuarbeiten". Da der Teig für Buttergebäck (s. u.) ruhen soll, diesen Teig zuerst vorbereiten. Aus dem verbleibenden Eiweiß den Teig für die Makronen (s. u.) bereiten.

In dieser Zeit ziehen die Kinder ihre Schürzen an, schneiden das Backpapier für die Backbleche zurecht und legen die Backbleche damit aus. Sie richten sich die Förmchen auf dem Arbeitstisch, legen die Gebäckdosen mit Servietten aus und überlegen sich gemeinsam, welche Weihnachtsmusik sie zuerst hören wollen.

Nun können die Kinder mit der Herstellung der Makronen beginnen. Sind diese im Backofen ist für die Kinder Zeit, was zu trinken oder zum Verschnaufen zur Weihnachtsmusik zu tanzen und die Lieder mit Bewegungen zu „interpretieren" (vgl. S. 85).

Sind die Makronen so weit, diese zum Abkühlen mit Blech auf die Küchenzeile stellen. Nun beginnt die Lieblingsaktion für Kinder: „Plätzchen ausstechen". Dazu die Tischplatte bemehlen, vor jedes Kind eine Teigplatte ausrollen, die Förmchen und ein vorbereitetes Backblech in die Mitte. Die Kinder lassen sich gerne Zeit, das jeweilige Förmchen auszuwählen, sie gehen dabei nicht rational vor, sondern sind bestrebt, wirklich jedes Förmchen auszuprobieren. Ist eine Teigplatte „verschafft", hilft ein Erwachsener den Teigrest wieder zu einer Kugel zu formen und erneut auszurollen. Die Erwachsenen „assistieren" beim Ausstechen.

Sind die Plätzchen im Ofen, können die Kinder die Makronen vom Blech nehmen und auf Gebäckteller zum vollständigen Auskühlen setzen. Sind die Plätzchen vom Backen wieder abgekühlt, können die Kinder ans „Verzieren" gehen. Auch dabei lassen sich die Kinder gerne Zeit, um „ihre" Plätzchen optimal zu schmücken. In dieser Zeit bereiten Erwachsene den Zimtsternteig vor und bestreuen dann die Arbeitsplatte mit geriebenen Mandeln. Die Kinder stechen nun die Zimtsterne aus und bringen den Eischnee auf.

Natürlich können nach Belieben noch weitere Plätzchen gebacken werden, aber die Erfahrung zeigt, dass die Kinder dann keine Konzentration mehr aufbringen, so ist es besser, wenn die restliche Weihnachtsbäckerei von „Heinzelmännchen" in der Nacht erledigt wird ...

Sind alle Plätzchen gebacken und gekühlt, setzen die Kinder das Gebäck nach Sorten in die Gebäckdosen und helfen, die Küche wieder sauber zu bekommen: Schüsseln, Förmchen Tassen ... alles will gespült und abgetrocknet sein, das lässt sich wunderbar von Hand machen und braucht keine Spülmaschine. Der Tisch muss von Teigresten befreit werden und der Boden will gefegt sein, denn hier hat sich ganz schön Mehl angesammelt...

Butterplätzchen

Zutaten: 200 g Butter, 125 g Zucker, 2 P. Vanillezucker, 275 g Mehl, 3 Eigelb, zum Verzieren: Puderzucker, halbe Zitrone, Speisefarben, Liebesperlen ...
Utensilien: Ausstecherförmchen, Tasse, Backpinsel

Butter, Zucker, Vanillezucker und Eigelb schaumig rühren, Mehl unterkneten, den Teig 1 Stunde kalt stellen. Die Tischplatte mit Mehl bestäuben. Den Teig 3-4 mm dick ausrollen und beliebig ausstechen. Bei 180° ca. 10 Minuten backen. Nach dem Abkühlen Puderzucker mit der Zitrone dickflüssig rühren. Mit einem Tropfen Speisefarbe nach Wahl einfärben. Die Glasur mit dem Backpinsel auf die Plätzchen streichen und mit den Liebesperlen verzieren.

Kokosmakronen

Zutaten: 3 Eiweiß, 175 g Zucker, 1 Vanillezucker, 200 g Kokosflocken

Eiweiß zu steifem Schnee schlagen. Zucker und Vanillezucker kurz unterrühren, Kokosflocken unterheben.
Mit 2 Teelöffeln kleine Häufchen auf das mit Backpapier ausgelegte Blech setzen. Dabei nehmen die Kinder in jede Hand einen Löffel, mit Links nehmen sie von der Masse auf den Löffel, mit Rechts streifen sie die Masse vom linken Löffel auf das Backblech. Makronen bei 160° 20 Min. backen, dabei in den letzen Minuten in den Backofen schauen, damit die Makronen nicht braun werden.

Zimtsterne

Zimtsterne gelten als schwer herzustellen, das Wichtelgeheimnis liegt einfach darin 100 g Mandeln zusätzlich beim Ausrollen des Teiges zu verwenden, dann ist für die Kinder der Sternchenteig von außen nicht so klebrig. Außerdem gelingen die Sternchen besser, wenn kleine Förmchen verwendet werden ...

Zutaten: 3 Eiweiß, 300 g Puderzucker, Saft von 1/2 Zitrone, 300 g gemahlene Mandeln für den Teig, 100 g gemahlene Mandeln zum Auswellen, 2 gestr. EL Zimt, 1/2 TL Kardamom, 1 Messerspitze Hirschhornsalz
Utensilien: kleine Sternchenausstecher, Messer, Backpinsel

Eiweiß zu sehr feinem Schnee schlagen, Puderzucker unterrühren. 1/3 der Masse für die Glasur beiseite stellen. Unter die übrige Masse Zitronensaft, Kardamom, Zimt, Mandeln und Hirschhornsalz kneten.
Den Teig eine halbe Stunde ruhen lassen.

Die restlichen 100 g Mandeln auf die Tischplatte streuen und darauf den Teig ca. 0,5 cm ausrollen. Ein bisschen von den gemahlenen Mandeln von der Tischplatte aufnehmen und auch die Oberseite ein wenig damit bestreuen, so bleibt der Teig beim ausstechen nicht so leicht an der Form kleben. Nun die Sternchen ausstechen und auf das Backblech legen. Sobald das Förmchen verklebt, mit der Messerspitze den Restteig entfernen. Sind alle ausgestochen, die Sterne mit der zurückgelassenen Eiweißmasse bestreichen. Bei 150 ° 20 min backen, dabei immer wieder in den Backofen schauen, dass die Glasur der Sternchen nicht braun wird.

Tipp: Wird der Teig zwischen zwei Lagen Folie (z. B. aufgeschnittene Gefrierbeutel) oder Backpapier ausgerollt, kann er nicht an der Unterlage festkleben und lässt sich leichter ausstechen!

„Freie Interpretation" von Weihnachtsliedern

Material: CDs, CD-Player, ein bisschen Platz zum Tanzen und Bewegen
Musik: Naschen macht Spaß 🎵 Nr. 13

Kinder spielen zur Musik, die sie hören – so ist es auch mit Weihnachtsliedern! Ob bei „Schneeflöckchen Weißröckchen" die Fingerlein zur Erde schneien oder bei „Fröhliche Weihnacht überall" ausgelassen um den Tisch gerannt und lauthals mitgesungen wird.
Beispielhaft am Lied Naschen macht Spaß (s. o.) will ich zeigen, wie das geht:

Die Kinder laufen um den Tisch und machen pantomimisch alles mit, was in der Liedzeile vorkommt:

„Nüsse knacken"	Hände zusammendrücken
„Schlecken"	mit den Fingern pantomimisch Teig schlecken
„Necken"	sich gegenseitig kitzeln

Beim Refrain um den Tisch hüpfen und in die Hände klatschen

„Kneten"	pantomimisch Teig kneten
„Versuchen"	pantomimisch Teig abzupfen und essen

Beim Refrain um den Tisch hüpfen und in die Hände klatschen

„Mandeln zählen"	die Finger abzählen
„Mandel naschen"	pantomimisch eine Mandel hochwerfen und mit offenem Mund auffangen

Beim Refrain um den Tisch hüpfen und in die Hände klatschen

Sternenförmchen	pantomimisch „ausstechen"
Teigrest kosten	pantomimisch Teig in der Hand rollen und auch in den Mund werfen

Beim Refrain um den Tisch hüpfen und in die Hände klatschen

Beim Guss	pantomimisch etwas Guss schlecken und „Handkuss" machen.

Naschen macht Spaß

Nr. 13
Text & Musik: Isolde Lommatzsch

1. Heu-te wird ge-ba-cken. Helft ihr, Nüs-se kna-cken?

So viel kann man schle-cken und sich da-bei necken!

Refrain

Wisst ihr was, wisst ihr was? Na-schen, das macht Spaß. Spaß.

4. Strophe

Nimm das klei-ne Förm-chen, ste-che Her-zen aus!

Hier ist noch ein Rest, der sich kos-ten lässt.

---

1. Heute wird gebacken.
Helft ihr, Nüsse knacken?
So viel kann man schlecken
und sich dabei necken!

Refr.: *Wisst ihr was, wisst ihr was?*
Naschen, das macht Spaß.
Wisst ihr was, wisst ihr was?
Naschen, das macht Spaß.

2. Unsre Miezekatze
holt sich mit der Tatze
Teig vom Kuchenblech.
„Mieze du bist frech!"

Refr.: *Wisst ihr was, wisst ihr was? ...*

3. Bei dem Mandelschälen
muss man fleißig zählen.
Eine dick und rund
hopst in meinen Mund.

Refr.: *Wisst ihr was, wisst ihr was? ...*

4. Nimm das kleine Förmchen,
steche Herzen aus!
Hier ist noch ein Rest,
der sich kosten lässt.

Refr.: *Wisst ihr was, wisst ihr was? ...*

5. Plätzchen sind gebacken,
nun kommt noch der Guss.
Schokoladenlippen
geben dir 'nen Kuss.

Refr.: *Wisst ihr was, wisst ihr was? ...*

„Weihnachten ist nicht mehr weit"

Ab Mitte Dezember geht es mit großen Schritten auf das Fest zu. Der Tannenbaum wird ausgesucht, die Festtagsbestellung aufgegeben. Nachts hört man die Wichtel und Heinzelmännchen schwer schuften, Geschenkpapier raschelt um die Wette, der Adventskalender leert sich so langsam, die dritte Kerze auf dem Adventskranz ist längst angezündet und der Briefträger bringt Weihnachtspost von lieben Menschen, die an uns denken, und auch von hier und da ein Päckchen von Verwandten, die weit weg wohnen ... Nun wird es Zeit das Zimmer aufzuräumen, dem Weihnachtsbaum ein neues Kleid zu basteln, die Weihnachtspost zu lesen und zu erzählen, was die Menschen einem wünschen, eine Weihnachtskrippe für das Christkind aufzustellen und vom Christkind zu erzählen.

Das Schenken unter Erwachsenen war früher ganz unüblich. Beschenkt wurden Kinder und Arme, damit sie an Festen teilhaben konnten. Nachdem die Heischebräuche zurückgingen, war bis ins 13. Jahrhundert das Fest der unschuldigen Kinder am 28. Dezember Kinderbeschenktag. Dieser verlagerte sich dann wegen der Beliebtheit des heiligen Nikolaus auf den Nikolaustag. Eine Weile war Nikolaus für die Jungs und die heilige Lucia für das Beschenken von Mädchen zuständig. Durch die Reformation hat sich die Bescherung auf Weihnachten verlagert und Martin Luther setzte als Gabenbringer das Christkind ein, um von der Heiligenverehrung wegzukommen. In katholischen Gegenden blieb man vorerst beim Nikolaus und so kommt es, dass sich an Weihnachten das Christkind und der Weihnachtsmann als Gabenbringer noch heute abwechseln.

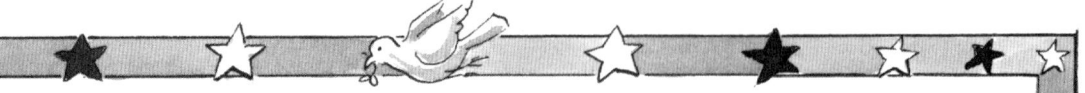

Der Weihnachtsfrieden

Im kleinen Spielzeuglädchen geht es an Weihnachten hoch her. Nichts, rein gar nichts findet sich hier, was in Hochglanzbroschüren per Morgenzeitung an Spielzeug auf den Frühstückstisch flattert. Nichts – rein gar nichts von dem Spielzeug, das im Fernsehen beworben wird. Und doch kommen Kinder wie Eltern gern, um hier ein bisschen zu stöbern und zu staunen.

Da finden sich kleine Blechfigürchen, die sich mit einem Schlüssel aufziehen lassen und so lebendig werden. Da gibt es Schatztruhen, in denen sich zu einer schönen Melodie eine kleine Tänzerin dreht. Da gibt es Kaleidoskope, die beim Durchschauen die Welt achtfach spiegeln. Auch Mäuschen in einer Kiste, die mit der Hand des Puppenspielers lebendig werden. Eben viele kleine Spielzeugdinge, denen allen ein besonderer Zauber innewohnt.

Eines Tages, mitten in dieser Weihnachtszeit kamen auf einen Schlag ganz viele Kinder unterschiedlichen Alters in den Laden gestürmt. Am Ende der lebhaften Prozession folgte die Mutter der ganzen Schar. Während die Kinder sich sogleich daran machten, all die kleinen Spieldinge auszuprobieren, sich gegenseitig vorzuführen oder einfach stolz in die Höhe zu halten mit dem Vermerk: „Das kenn ich!" oder „Das hab ich schon!"
Die Mutter ermunterte die Kinder, sie sollten mal Ausschau halten, was sie sich zu Weihnachten wünschen. Das ließen sich die Kinder nicht zweimal sagen!
Die Kinder wirkten in ihrer Geschäftigkeit quietschvergnügt und voller Vorfreude auf das kommende Fest. Nur die Mutter schien sich darüber nicht so recht freuen zu können, sie wirkte unruhig, müde und abgespannt. Dankbar nahm sie meine Einladung an, setzte sich zu mir auf die Eckbank und bei einem heißen Tee erzählte sie von den vielen Advents- und Weihnachtsfeiern, da ein jedes ihrer Kinder entweder einen Kindergarten oder eine Schule besucht. Davon, was sie mit den Kindern dafür jeweils backt oder bastelt, davon welches Stück sie mit dem ein oder anderen Kind zuhause für das Konzert in der Musikschule noch mal übt und wie sie sich einbringt beim diesjährigen Nikolausturnen des hiesigen Turnvereins …
Derweil brachten die Kinder immer mehr Dinge, die unbedingt auf ihren Wunschzettel gehörten.
Nach einer Weile, die Kinder hatten sich nun tüchtig ausgespielt, fiel der Blick der Mutter auf die Uhr. Erstaunt bemerkte sie: „Mir ist so, als sei hier die Zeit für mich ein bisschen stehen geblieben." Sie rief die Kinder zusammen und als wir uns verabschiedeten, wünschte ich der Mutter einfach ein „geruhsames Fest". Sie drehte sich nochmals um und meinte: „Ja, das wünsche ich mir wirklich – vielen Dank dafür!"

Komm, Weihnachtsmann!

Nr. 22
Text & Musik: Isolde Lommatzsch

Komm, Weih-nachts-mann, komm Weih-nachts-mann mit dei-nem Schlit-ten bald an!

Spann dei - nen Schim-mel da - vor, komm durch das gol-de - ne Tor!

Komm, Weih-nachts-mann, komm, Weih-nachts-mann, komm bit - te an!

Hast du ein Spiel-zeug für mich, sing ich ein Lied-chen für dich.

A - ber die Ru-te, die bö - se steck' ein, will ar-tig sein.

Komm Weihnachtsmann,
komm Weihnachtsmann
mit deinem Schlitten bald an.
Komm Weihnachtsmann,
komm Weihnachtsmann
mit deinem Schlitten bald an.
Spann deinen Schimmel davor,
komm durch das goldene Tor.
Komm Weihnachtsmann,
komm Weihnachtsmann,
komm bitte an.

Hast du ein Spielzeug für mich,
sing ich ein Liedchen für dich.
Aber die Rute, die böse steck´ ein,
will artig sein.

Komm Weihnachtsmann,
komm Weihnachtsmann
mit deinem Schlitten bald an ...

Aus der Weihnachtswerkstatt:

Christbaumschmuck

Irgendwann geht es los, den Baum auszusuchen. Die einen stapfen dazu in den Wald, ein Bäumchen in einer Schonung selbst zu schlagen, die andern finden einen Baum auf dem Weihnachtsmarkt. Auch die Geschmäcker sind verschieden: Klein soll er sein, auf einem Deckchen stehen, bei anderen muss er bis an die Zimmerdecke reichen. Wenn dann der Tannenbaum ins Haus zieht, dann kann Weihnachten nicht mehr weit sein! Vorerst steht er aber noch eingepackt auf dem Balkon oder vor der Türe, damit er nicht so früh die Nadeln fallen lässt.

Nun wird es Zeit für die Kinder auch etwas für den Baum zu basteln. Zum Christbaumschmuck basteln versammeln sich alle wieder in der Weihnachtswerkstatt. Die Kerzen des Adventskranzes brennen, alle Materialien liegen auf dem Tisch bereit und los geht's mit der gemütlichen Bastelei ...

Span-Ketten

Material: Spanband (Bastelgeschäft), Schere, Klebstoff

Es sieht sehr schön aus, wenn rings um den Weihnachtsbaum Ketten hängen. Da die Spanketten sehr einfach zu gestalten sind, können wir auch länger bei dieser Aktivität verweilen und so dem Weihnachtsbaum ein neues Kleid geben. Einfach 6 cm vom Band abschneiden, an ein Ende Klebstoff tupfen, und die Enden zusammenkleben. Das nächste abschneiden, durch den ersten Kettenring fädeln und wieder zusammenkleben. Eine wunderbare Arbeit für die Abendstunden, bei der Groß und Klein mithelfen.

Glitzernde Tannenzapfen

Material: Tannenzapfen, Glitzerstift (silber oder gold), Blumendraht

Geschlossene Tannenzapfen auf die Heizung legen, dass sie sich öffnen. Einfach die Ränder der Tannenzapfen mit Glitzerstift bemalen. Um den unteren Zapfenkranz Blumendraht wickeln und 10 cm überstehen lassen. So kann der Tannenzapfen später aufrecht auf einem Zweig des Tannenbaumes stehen.

Nusswichtel

Material: Walnüsse in der Schale, Holzperlen (fingerdick), Zahnstocher, roter Filz, Schere, rote Bändchen, schwarzer Filzstift, Watte, Klebstoff, Nadel und Faden

Die Holzperle (Kopf) mit dem Zahnstocher auf die Walnuss (Bauch) stecken.
Für den Wichtelmantel aus dem Filz einen Streifen von 6 x 2 cm schneiden. Den Streifen einmal in der Mitte falten und an einer Längsseite zusammen kleben. Dem Nusswichtel das Mäntelchen überziehen und mit einem Bändchen um den Hals zusammenbinden.
Mit dem Filzstift zwei Augen auf die Holzperle tupfen.
Von der Watte etwas zupfen und dem Wichtel einen kleinen Bart kleben.
Den Faden durch die Nadel fädeln, verknoten und durch die Spitze der Zipfelmütze stechen. Den Faden in 10 cm abschneiden und auch dieses Ende verknoten – fertig ist der Nusswichtel.

Wichtelbabys

Material: Walnüsse, Küchenmesser, Watte, Stoffreste, Schere, kleine Holzperlen, Zahnstocher, Klebstoff, evtl. schwarzer Filzstift, Watte, kleiner Handbohrer

Die Walnussschalen mit dem Messer halbieren, die Nuss heraus essen. Eine Walnusshälfte dient immer einem Wichtelbaby als Bettchen. Dazu die Schale mit Watte auspolstern, ein Stoffrestchen als Bettlaken darüber kleben. Für das Kopfkissen ein Stoffrestchen von 1 x 2 cm einmal falten, etwas Watte dazwischen legen und an den Rändern zusammenkleben. Das Deckbettchen genauso basteln. Für das Wichtelbaby 1 cm von einem Zahnstocher abknipsen, mit Klebstoff bestreichen und zwischen zwei Holzperlen (Kopf und Bauch) kleben. Wer will, kann seinem Wichtelkind noch zwei Äuglein tupfen. Ein bisschen Watte als Haarflaum auf den Kopf kleben.
Nun das Baby ins Bettchen legen und zudecken. Damit die Wiege an der Tanne baumeln kann, rechts und links mit dem Handbohrer ein kleines Loch in die Nussschale bohren und ein Bändchen zur Aufhängung fädeln.

Goldene Orakelnüsse

Material: Walnüsse, Küchenmesser, Bändel, „gute Wünsche" auf Zettelchen, Klebstoff, Goldfarbe, Pinsel

Zuerst die Schale der Walnüsse halbieren. Dazu mit dem Küchenmesser am dicken Ende der Walnuss einstechen und vorsichtig nach rechts und links drehen. Schon hat man die zwei Hälften sauber getrennt.

Nun kommt der eigentliche Spaß: In jede Nussschale ein Zettelchen legen mit einem guten Wunsch darauf (s. Wunschzettelengelein S. 55) oder mit einem selbstgemachten Glückssymbol versehen (s. Glückssymbole S. 111ff).

Die Nusshälften – mit Bändelchen dazwischen – wieder zusammenkleben. So können die Orakelnüsse später auch am Baum hängen.

Danach mit Goldfarbe bemalen und trocknen lassen – fertig ist der Christbaumschmuck.

Die goldenen Nüsse hängen so über Weihnachten am Tannenbaum. Aber an Silvester, da werden sie geplündert. Pünktlich um 12 (vielleicht auch etwas früher) wird der Baum geplündert und jeder erhält so einen wunderbaren Orakelspruch oder ein Glückssymbol für das kommende Jahr.

Schwebeengel

In den Erzgebirgsstuben hängen sogenannte „Schwebeengel" von der Decke. Hier eine Kinderalternative für den Tannenbaum.

Material: naturfarbene Fädelperlen (2 cm Durchmesser), flaumige Gänsefedern, weißer Faden, Nadel, schwarzer und roter Filzstift, Klebstoff

Den Faden durch die Nadel fädeln und einen dicken Knoten ans Ende machen. Die Nadel durch die Perle fädeln.

Zwei Gänsefederchen am unteren Ende des Kiels mit Klebstoff betupfen und rechts und links neben dem festen Knoten in das Perlenloch stecken.

Auf die Holzperle ein Gesichtchen malen – fertig ist der Schwebeengel.

Gerade wegen der Einfachheit der Engel, haben diese später in der Engelsschar am Baum doch unglaublich individuelle Züge – bei uns heißt ein Engel Evelyn, er sieht einfach so aus …

Weihnachtsspiele

Weihnachten im Stall zu Bethlehem

Das Weihnachtsspiel oder Krippenspiel ist bekannt. Kindern erschließt sich dieses Mysterienspiel ganz unmittelbar und auch ohne die exakte biblische Geschichte. Hier eine ganz einfache Anleitung nach der Methode des Jeux dramatique: Ein Erwachsener erzählt die Geschichte. Die Kinder verkleiden sich entsprechend und spielen dazu nach ihrer eigenen Vorstellung aus dem eigenen Erleben. Das Weihnachtsspiel ist in vier Teile unterteilt, die getrennt gespielt werden, die aber auch zusammengefasst aufgeführt werden können.

Josef und Maria auf Herbergssuche

Mitspieler: Josef, Maria, verschiedene Kinder als Wirtsleute, Ochs und Esel
Verkleidesachen: blaue Decke o. Ä. für Maria, braune Decke für Josef, braune Decke für Ochs, graue Decke für Esel, diverse Hüte, Westen und Ähnliches für Wirtsleute
Requisiten: Puppe als Jesuskind, Puppenwiege, Papierstern mit Kabel
Spielorte: 3 Wirtsstuben, 1 Stall

ErzählerIn:

Josef und **Maria** waren schon lange unterwegs und hatten noch keine Herberge für die Nacht. Sie hatten nicht viel Geld, weil Josef als Zimmermann arbeitete und auf seiner Wanderschaft kein Einkommen hatte. So liefen sie viele, viele Kilometer. Weil es Nacht wurde, fror Maria und ihr taten die Füße weh. Weil sie ein Kind erwartete, hatte sie das dringende Bedürfnis endlich ein Nachtlager zu finden, um sich auszuruhen. Jederzeit konnte das Kind auf die Welt kommen.
Endlich fanden die beiden ein Wirtshaus. Sie klopften an und ein grimmiger **Wirt** trat vor die Türe. Sie fragten ihn, ob noch ein Zimmer frei wäre, und der Wirt entgegnete: „Nein, alles belegt, da hättet ihr früher kommen müssen."
Josef und Maria gingen weiter. Josef stützte Maria, die tapfer weiterlief.

Am zweiten Wirtshaus klopften sie an, da kam die **Wirtsfrau** aus der Tür, guckte die beiden geringschätzig an und schüttelte nur den Kopf.

Josef und Maria liefen weiter und kamen endlich an das dritte Wirtshaus. Der **Wirt** öffnete, er hatte auch kein Zimmer mehr zu vergeben, doch er hatte Mitleid und merkte, dass Maria dringend einen Platz zum Ruhen brauchte. Er zeigte den beiden den Stall und meinte: „Hier habt ihr wenigstens ein Dach überm Kopf und bei **Ochs** und **Esel** ist es außerdem schön warm." Dankbar nahmen Josef und Maria den Platz an und legten sich sogleich zur Ruhe.
Da rüttelte Maria an Josef und sagte: „Du, das Kindlein kommt!" Und Josef half ihr, das Baby zu gebären. Sie drückten es an sich, hüllten es in eine Windel und legten es in die Futterkrippe der Tiere. Die Tiere drängelten sich ganz nah ans Baby, damit es nicht frieren musste.

Wie durch ein Wunder leuchtete plötzlich über dem Stall ein wunderschöner Stern, einen, den man noch nie vorher gesehen hatte. Und da wussten Josef und Maria, dass alles hat so kommen müssen und dass der helle Stern ein gutes Zeichen für ihr Kindlein ist.

Tanz der Engelschar

Im Mittelalter gehörte der folgende Brauch zur festen Einrichtung der Weihnachtszeit. Ungeklärt ist, ob er von den Frauenklöstern ausgegangen ist. In der Kirche war eine Krippe aufgestellt, in der eine Christkindfigur lag. Mädchen und Jungen tanzten um das Christkind, die Erwachsenen begleiteten die von den Kindern gesungenen Weihnachtslieder mit Händeklatschen. Wenn es von der Melodie her passte, wurde das Jesuskind gewiegt.

Verkleidung: weiße Hemden, Engelsflügel aus Goldfolie aus dem Fundus oder selbst gemacht
Requisite: Puppenwiege mit Puppe

ErzählerIn

Die Engel im Himmel hatten dafür gesorgt, dass es das Kindlein bei der Geburt warm und gut hat. Als sie sahen, dass alles geklappt hatte, waren die Engel so froh, dass sie auf die Erde flogen und freudig um das Kindlein tanzten. Keiner hat die Engel wirklich gesehen, nur das Jesuskind freute sich mit den Engeln. Jeder Engel kniete zum Kindlein und flüsterte ihm einen guten Wunsch ins Ohr.

Am Weihnachtsbaume die Lichter brennen
Wie glänzt er festlich lieb und mild
Als spräch er: „Wollet in mir erkennen
Getreuer Hoffnung stilles Bild"

> *Engel stehen etwas abseits der Wiege im Kreis eng beisammen und tuscheln miteinander*

Zwei Engel sind hereingetreten
Kein Auge hat sie kommen sehn
Sie gehn zum Krippelein und beten
Und wenden wieder sich und gehen.

> *Die Engel huschen zur Wiege, umtanzen das Kind leichtfüßig, knien sich nieder, flüstern einen Wunsch und springen schnell wieder zurück in den Kreis.*

Kein Ohr hat ihren Spruch vernommen
Unsichtbar jedes Menschen Blick
Sie sind gegangen wie gekommen
Doch Gottes Segen blieb zurück!

(traditional)

Anleitung Engelsflügel

Material: Karton, Goldfolie, Bleistift, Schere, Gummiband

Die unten abgebildete Flügel-Vorlage entsprechend vergrößert auf Karton übertragen und ausschneiden (Erwachsener). Dies dient den Kindern als Schablone.
Die Flügel-Schablone auf Goldfolie legen, mit Bleistift umranden und ausschneiden. In der Mitte der Engelsflügel zwei kleine Schnitte im Abstand von 10 cm anbringen. Hierdurch Gummiband ziehen und dieses über die Schultern führen und auf der Rückseite der Flügel wieder zusammenbinden.

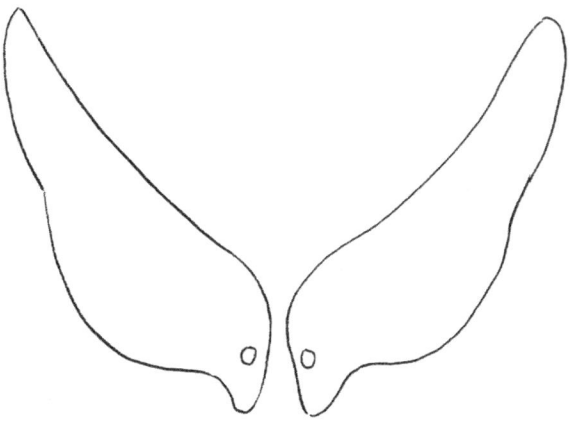

Die Hirten auf dem Felde

Mitspieler: beliebige Anzahl von Hirten und Schafen
Verkleidung: Felle, Westen, Hüte
Spielorte: Feld und Stall
Requisiten: leuchtender Weihnachtsstern, Puppenwiege und Kindlein

ErzählerIn:

Draußen auf dem Feld war es bitterkalt. Die Schafe hatten sich alle zusammengekuschelt und schliefen schon lange. Die Hirten hockten in engem Kreis um sie herum, dass keines verloren ging und dass sie sich an den Tieren auch wärmen konnten.

Da sahen sie auf einmal in der Ferne den Lichterglanz eines einzigartigen Sternes. Sie beschlossen dem Stern zu folgen, denn es war das einzige Licht in der Dunkelheit und sie wussten, dass das etwas ganz Besonderes war. So zogen sie los mit ihren Schafen mitten in der tiefsten Nacht, um zu sehen, was geschehen war. Als sie zum Kindlein in der Krippe kamen, freuten sie sich über die Geburt und die Schafe kuschelten sich an das Baby, um es zusätzlich zu wärmen.

Die heiligen drei Könige

Mitspieler: 3 Könige
Verkleidung: lange Tücher als Königsmäntel, für jeden König eine Krone aus dem Fundus oder selbstgemacht:
Requisiten: leuchtender Weihnachtsstern, *Puppenwiege mit Puppe, 3 Schatzkästlein*

Königskrone

Material: Goldpapier, Schere, Hefter

Von der Goldfolie einen Streifen von 10 x 40 cm abschneiden. Diesen am Kopf des Kindes anpassen und zusammenheften. Nun am oberen Rand mit der Schere Zacken in die Krone schneiden.

ErzählerIn:

Der Stern war so hell, dass auch die heiligen drei Könige aus dem Morgenland seinen Schein vernahmen. Auch sie wussten, dass in der Nacht was ganz Besonderes geschehen war. Und so überlegten sie sich, wie sie das Kindlein ehren konnten und sie packten Geschenke für das Kind. Der eine nahm vom heiligen Weihrauch, um das Kindlein zu segnen, der zweite nahm Myrrhe, um den Lebensweg des Kindleins zu belgeiten, und der dritte nahm Gold, um das Kind mit irdischem Glück zu beschenken. Die drei Könige zogen los bis zum Stall, knieten sich nieder vor dem Kind und brachten ihm ihre Geschenke.

Weihnachten im Tier- und Pflanzenreich

Der Volksmund sagt, dass auch Tiere und Pflanzen Weihnachten spüren, auch dass Tiere an Weihnachten sprechen könnten und auch Bäume sich an Weihnachten über Geschenke freuen. Das prickelnd Besondere haftete der Heiligen Nacht schon vor dem Christentum an: Wasser kann sich in der Nacht in Wein verwandeln, Tiere können in dieser Nacht sprechen und feiern auf ihre Art Weihnachten, die sogenannte Lüttenweihnacht, die Natur offenbart ihre Geheimnisse, drum gibt es Los- und Orakelbräuche. Und tatsächlich gibt es überall das Brauchtum, den Tieren besonderes Futter zu bringen und die Bäume auch draußen zu schmücken. Unsere Vorfahren haben an Weihnachten die Wintersonnenwende gefeiert, denn ab Weihnachten nimmt das Sonnenlicht wieder zu und die Tage werden wieder länger.

Weihnachten für Tiere und Pflanzen

Die Veränderungen in der Natur lassen sich auch in einem einfachen Weihnachtsspiel leicht nachspielen.

Material: Kerze, Lichterkette oder beleuchteter Weihnachtsstern.

Die Kinder hören die Geschichte und überlegen sich dabei, welches Tier sie gern spielen würden. Auf Verkleidung wird diesmal verzichtet. Und zum Zeichen der Dunkelheit wird im Zimmer auch das Licht gelöscht und die Vorhänge werden zugezogen. Als Sternenlicht dient ein leuchtender Weihnachtsstern, eine Lichterkette oder einfach eine Kerze in der Mitte des Raumes. Die Kinder hören die Geschichte ein zweites Mal und spielen nun selbst Tierkinder, Blumen, Pflanzen oder Käfer ...
Ein Kind ist Lichtträger und läuft mit einer brennenden Kerze durch das Halbdunkel an allen Tierchen und Pflanzen vorbei ...

ErzählerIn:
Wenn im Herbst die Tage kürzer werden, ziehen sich die Pflanzen in die Erde zurück, dann schlafen alle Blümelein tief in der Erde einen langen Schlaf. Auch die Käfer und alles Krabbelgetier ruhen nun in der Erde. Die Bäume verlieren ihre Blätter und wirbeln im Herbststurm noch einmal im wilden Tanz zur Erde hernieder. Die Schwalben versammeln sich und ziehen nach Süden, um in Afrika zu überwintern. Amseln und Spatzen bleiben bei uns in der Hoffnung, von uns Futter zu bekommen. Viele Tiere gehen in den Winterschlaf. Die Igel igeln sich ein, der Marder macht es sich gemütlich in der Höhle. Die Fledermäuse hängen kopfüber in alten Gemäuern und ruhen ebenfalls. Die Eichhörnchen sammeln eifrig Nüsse und Eicheln und legen für den Winter Vorrat an. Auch die Feldmaus sammelt noch das allerletzte Maiskorn vom Feld, um es in ihren Bau zu tragen. Einige Bäume behalten ihr Kleid – das sind die Nadelhölzer: Tannen und Fichten und immergrüne Bäume wie Jlex und

Buchs. Sie geben mit ihrem Grün Hoffnung auf neues Leben im nächsten Jahr. Rehe, Wild-schweine und andere Wildtiere sind im Wald nur selten zu sehen auf der Suche nach Futter. Gerne kommen sie auf die Lichtung um zusätzliches Futter anzunehmen. Und mitten in der tiefsten Nacht im kältesten Winter ist ein Stern am Himmel zu sehen. Alles ist still, alle Tiere und Pflanzen ruhen nun.

Und mitten im kalten Winter passiert etwas, ein Licht kommt in die Dunkelheit, am tief-schwarzen Himmel ist ein Stern zu sehen und auf einmal bekommen alle Tiere und Pflanzen einen Hoffnungsschimmer, dass der Winter doch bald vorbei ist, es ist so, als würden sie selbst ein Hoffnungslicht sehen, das ihnen sagt: „Nur durchhalten Freunde, bald ist wieder Sommer." Diese Hoffnung lässt sie vom nächsten Sommer träumen, wenn die Wiesen wieder grün sind und es genügend zu essen gibt für alle.

Waldspaziergang

Jetzt wird es Zeit, noch einmal einen Waldspa-ziergang zu unternehmen, denn jetzt spüren wir wirklich den Einzug des Winters, mit seinem rauen Wind und der Stille im Wald. Die Kinder nehmen Äpfel und Nüsse mit, die sie symbolisch an Plätzen als Futter für die Tiere legen. Auf der Suche sind sie nach Wurzelwerk, schönen Ästen Moos oder Blättern für die eigene Weihnachtskrippe.

Waldkrippe

Material: Wurzel (vom Waldspaziergang), Blumendraht, Moos, Stroh oder kleine Zweiglein, Baumscheibe oder großer Blumenuntersetzer, Sektkorken, Stoffreste, Fellreste, Goldfolie, Walnüsse, 2 Holzperlen, Zahnstocher, Bauernhoftiere (Ochs, Esel, Schafe etc.)

Stall

Die Wurzel auf eine Baumscheibe oder einen Blu-menuntersetzer stellen. Sie dient als „Stall" für die Krippe. Zwischen den Wurzelästen Blumendraht verspannen. Darauf Stroh oder Moos legen als Dach für die Krippe. Den Boden ebenfalls mit Stroh oder Moos auslegen.

Krippenfiguren

Aus der Walnuss und den zwei Holzperlen Wiege und Kindlein basteln (s. Wichtelbabys S. 91).
Für alle anderen Figuren nehmen die Kinder Sekt-korken aus Kork für die Körper. Die ergeben eine schöne, rundliche Körperform. Aus den Stoffres-ten gestalten sie für Maria und Josef, die Hirten und die Könige Stoffmäntelchen (vgl. Nusswichtel S. 81). Den Hirten kleben sie an die Seite ein Stöckchen als Hirtenstab, den Königen basteln sie kleine Kronen aus Goldfolie.

Weihnachtsvielfalt

Die Kinder sind in den vorangegangenen Geschichten ganz unterschiedlichen Menschen begegnet. Sie alle hatten irgendetwas mit Weihnachten zu tun, aber was machen denn diese Leute am Weihnachtstag selbst? Das folgende Weihnachtsspiel mit den Kindern regt dazu an, sich mit den Kindern darüber auszutauschen, wie unterschiedlich Weihnachten gefeiert werden kann.

Was machen denn die Leute an Weihnachten?

Die Spielleitung erinnert noch einmal an die Menschen aus den Geschichten und liest anschließend den Text vor. Die Kinder überlegen sich, wie sie die Geschichte spielen wollen. Die Spielleitung notiert die Ideen der Kinder, gemeinsam werden Spielorte, Requisiten festgelegt und los geht's.

ErzählerIn:

Wer die Geschichten aus diesem Buch gelesen oder vorgelesen bekommen hat, wird sich fragen, was denn diese Leute an Weihnachten machen? Nun, ich stelle mir das so vor:

Der Trompeter hat, nachdem er auf vielen Weihnachtsmärkten gespielt hat, das Geld in seinem Koffer daheim am Tisch gezählt, seiner Frau und seinen Kindern damit einen Wunsch erfüllt und an Weihnachten spielt er irgendwo in einer kleinen Kirche sein Weihnachtslied – geht dabei durch die Reihen der Kirchgänger und seine Trompete ist selbst draußen noch zu hören.

Die Märchenfrau hat ihre ganzen Sachen aus dem Kaufhaus eingeräumt und winterfest gemacht. Sie feiert Weihnachten im Kreis von vielen Freunden und vielleicht steht sie gerade am Herd und kocht einen Weihnachtspudding für alle Wichte und Heinzels.

Der junge Mann, der einen Nikolausbart brauchte, ist eigentlich ein Jazzmusiker und spielt mit seiner Band im Weihnachtskonzert mit.

Die Mutter aus dem Spielzeugladen hat wirklich ihren Weihnachtsfrieden gefunden und freut sich an ihrer munteren Kinderschar, die um den Weihnachtsbaum tanzt.

Und der Benediktinermönch, der entzündet die Kerzen in der Klosterkirche und hofft auf regen Besuch in der Christmette.

Ja und die Erzgebirgler legen nun ihre Weihnachts-CD auf, kochen ihr Neunerlei und das Räuchermännchen nebelt Rauchschwaden in die Luft ...

Und was machen all die anderen? Denkt es euch selbst aus!

Der Weihnachtsputz

Ist alles gebacken, gebastelt und gewerkelt, ist es Zeit für den großen Hausputz, schließlich soll an Weihnachten ja die „Stube glänzen" und in der Zeit zwischen den Jahren ist putzen ja verpönt, wie im nächsten Kapitel zu erfahren sein wird (vgl. S. 107).

Nun ist es auch Zeit für die Kinder, ihr Kinderzimmer aufzuräumen. Dabei helfen ihnen die „Heinzelmännchen". Viel diskutieren, wer was verursacht hat, macht überhaupt keinen Sinn, drum einfach unsere Weihnachts-CD aufgelegt und jeder langt mit hin und ohne Worte ist Nullkommanix aufgeräumt in der Bude.

Jetzt kann es Weihnachten werden im Kinderzimmer. Alle Autos an ihren Platz. Die Teddys und Puppies werden hübsch gemacht und tragen ihr Weihnachtskleid. Und die Kinder feiern schon mal Puppenweihnachten.

Puppenweihnachten

Material: Puppentellerchen, kleine Adventskränze, Puppentisch und Puppenstühle. Gäste: alle Puppen, Teddys und sonstiges Gefleuch und Gekreuch

Wenn die Großen sich mit den Wichteln, Heinzelmännern und sogar dem Christkind des Nachts verbünden und immer geheimnisvollere Dinge tun, dann ist es Zeit, Puppenweihnacht zu feiern. Die Kinder ziehen sich zurück und gestalten ihren Lieblingen stundenlang eine Weihnachtsfeier der besonderen Art ...

Heimlichkeitsding im 4. Advent:

Wenn's Christkind kommt

Jede Familie hat ihr eigenes Ritual: Wann der Baum aufgestellt wird, wer ihn schmückt, ob Kinder dabei helfen können oder ob das auch zum „Heimlichkeitsding" gehört. In meiner Kindheit war es so Brauch, dass das Weihnachtszimmer hinter verschlossener Tür gerichtet wurde, heute wohnen wir allerdings in einem Fachwerkhaus, bei dem das Wohnzimmer als offener Bereich gestaltet ist, ohne jegliche Türe. Spätestens vor der Bescherung allerdings sollten die Kinder beispielsweise im Kinderzimmer sich ein bisschen gedulden, denn da kommt das Christkind hereingeflogen und bringt alle Geschenke unter den Baum. Wenn dann ein Glöckchen klingelt, ja dann ist Weihnachten und alle versammeln sich im Weihnachtszimmer zur Bescherung ...

Warten aufs Christkind

Alle Vorbereitungen sind nun getroffen. Jetzt heißt es warten bis zur Bescherung. Um die Wartezeit zu verkürzen folgen hier nun drei Weihnachtsgeschichten hintereinander weg. Es wird sich bestimmt ein Erwachsener finden, der nicht so beschäftigt ist und Zeit hat, den Kindern diese Geschichten vorzulesen. Dazwischen hören die Kinder noch einmal die Weihnachts-CD und machen alle Tänze und Spiele mit.

An Weihnachten sind alle wieder da

24. Dezember – das Weihnachtszimmer ist gerichtet – die Geschenke längst verpackt – das Essen schon mal vorbereitet. Wir sind – ehrlich gesagt, nicht so eifrige Kirchgänger; aber an Weihnachten gehen wir noch heute gern in die Kirche. Wir ziehen bequeme, aber auch schöne Sachen an. Bis alle gerichtet sind, ist es – wie immer – schon etwas spät geworden. Vor der Kirche ist längst kein Parkplatz mehr zu finden, so dürfen wir Mädels schon mal aussteigen, während der Vater versucht, doch noch einen Parkplatz zu ergattern.

Im Inneren der Kirche herrscht eifriges Gedränge. Was ein Hallo! Alle sind da – alle, die wir kennen. Eine Familie hat ein Baby bekommen, das Kind wird bestaunt und die Eltern beglückwünscht. Manche Kinder erkennt man fast nicht mehr, so sind sie gewachsen. Manche haben jetzt schon einen Freund, der darf mit der Familie in derselben Stuhlreihe sitzen. Alle plaudern miteinander, jeder wird noch schnell begrüßt und wie jedes Jahr haben selbst wir noch einen Sitzplatz ergattert.

Vorne an der eigens aufgebauten Bühne herrscht große Geschäftigkeit. Da werden Notenblätter gerichtet, Instrumente nachgestimmt und letzte Absprachen getroffen. Mädchen im weißen Hemd mit goldenen Engelsflügeln turnen über dem Bühnenrand, kleine Hirten bekommen von der Mutter noch das Lammfell übergezogen. Kurz vor Beginn des diesjährigen Krippenspiels hat sogar noch unser Vater einen Sitzplatz gefunden.

Der Pfarrer bittet um Ruhe und bittet, dass doch alle ein bisschen zusammenrücken sollen, da viel mehr Menschen in der Kirche seien, als sonst unterm Jahr.

Und da hören wir sie wieder, die Geschichte von Maria, der ein Engel erschienen ist. Und von Josef, der mit Maria von Haus zu Haus geht, um noch eine Herberge für die Nacht zu finden, vom Stall mit Ochs und Esel. Da geht der Stern über der Krippe auf. Drinnen sitzen Josef und Maria. Maria ist in ein blaues Tuch gehüllt. Doch was ist das? Dieses Jahr wiegt sie ja ein echtes Baby im Arm. Das Jesuskind ist dieses Jahr schwarz! Im ganzen Kirchenschiff ist eine Rührung zu spüren und ein leises Flüstern geht durch die Reihen: „Das ist die Tochter von Kossi, dem Hausmeister der Kirche!" Alle singen nun aus vollem Herzen: „Josef, lieber Josef mein, lass mich doch wiegen das Kindelein" und mancher der Zuhörer wischt sich schnell eine Träne von der Wange.

Jetzt tanzt eine große Engelsschar um die drei. Hirten, in viel zu große Schafs-felle gekleidet, machen sich vom hinteren Kirchenschiff auf den Weg, dem Stern zu folgen. Alle singen nun die schönen Weihnachtslieder und zum Schluss noch: „Tragt in die Welt nun ein Licht". Der Pfarrer spricht den Weihnachtssegen und alle wünschen sich von Herzen: „Frohe Weihnachten!" Am Ausgang werden Kerzen bereitgehalten und tatsächlich trägt jede Familie ein Licht zu sich nach-hause ins Weihnachtszimmer. Ach, und nächste Weihnachten sind wir bestimmt alle wieder da!

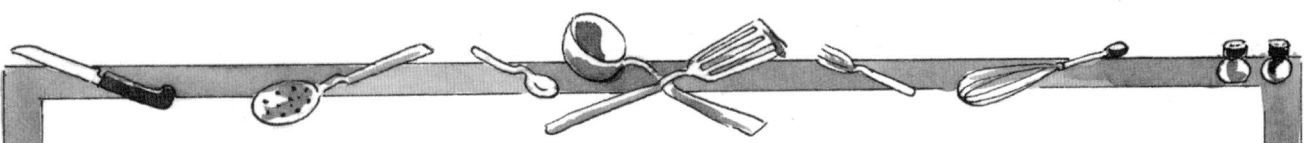

Neunerlei

Es ist ganz unterschiedlich, was die Menschen an Heiligabend essen. Die einen machen heiße Würstchen mit Kartoffelsalat, weil das schnell geht und nicht so lange zum Essen braucht. Andere essen an Heiligabend einen ganzen Gänsebraten. Einerlei – wie jeder will und denkt. Witzig ist das Essen der Erzgebirgler, die essen nämlich ein Neunerlei!

Das soll für ein neues glückliches Jahr stehen, schließlich setzt es sich zusammen aus der Glückszahl 3 x 3.

Was essen die Erzgebirgler denn da? Auf alle Fälle muss immer etwas aus der Erde, aus der Luft und aus dem Wasser dabei sein, außerdem werden jedem Bestandteil besondere Kräfte zugeschrieben. Ein Neunerlei könnte z. B. so aussehen:

1. Bratwurst – bewahrt die Kraft
2. Kartoffelklöße – für das große Geld, aber es müssen viele Klöße sein, sodass man sie nicht zählen kann. Kann man sie doch zählen, so muss es eine ungerade Zahl ergeben!
3. Sauerkraut – bringt langes Stroh
4. Linsen – für ausreichend Kleingeld
5. Sellerie – für die Fruchtbarkeit
6. Rote Rüben – für die Schönheit (rote Backen)
7. Heringssalat – damit man den Winter gut übersteht
8. Semmelmilch mit Mandeln – schützt vor Erkältung und Kopfschmerz (Koppwidding)
9. Heidelbeerkompott – bringt Glück und Segen

Damit das alles auch seine Wirkung hat, gehören unbedingt Brot und Salz (dass sie im nächsten Jahr nie ausgehen) auf den Tisch und um ihn herum ja keine ungerade Zahl von Essern. Und schließlich soll man das Geschirr vom Neinerlaah auf keinen Fall noch am Heiligen Abend abwaschen – das gefällt mir besonders gut! Nach dem Essen wird gefeiert, gesungen und getanzt. Das folgende Lied, von dem mittlerweile über 140 Strophen bekannt sind, gehört unbedingt dazu!

's Heilig-Obnd-Lied

Nr. 21
Strophen 1, 3 und 5:
Worte: erzgebirgische Mundart, Johanne Amalie v. Elterlein (1830), Volksweise
Nachdichtung der Strophen 2 und 4: Isolde Lommatzsch

2. Str.: Nun ist der Hei - lig A - bend da, kommt rein, wir gie - ßen Blei! Heut'

schmau - sen und heut' tan - zen wir und al - le sind da - bei, und al - le sind da - bei.

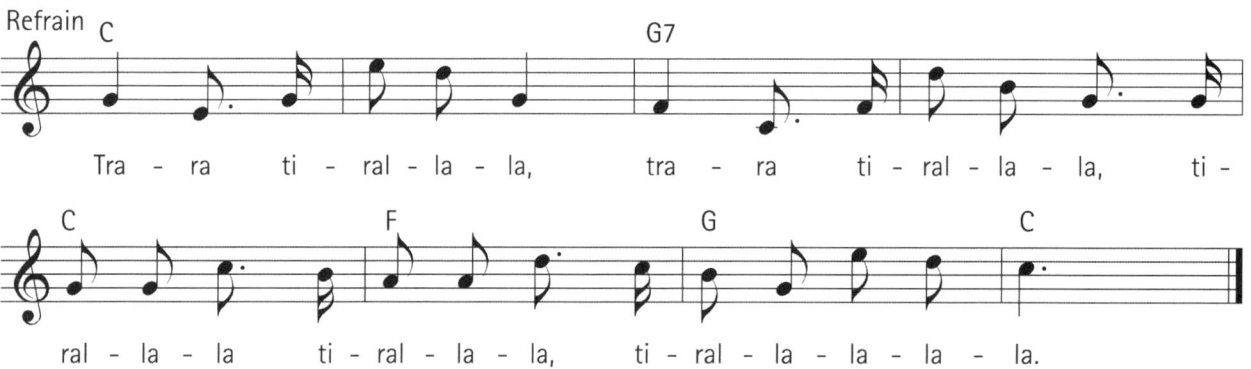

Tra - ra ti - ral - la - la, tra - ra ti - ral - la - la, ti - ral - la - la ti - ral - la - la, ti - ral - la - la - la - la.

1. Heit is der Heilge Obnd, ihr Leit,
kommt rei, mer gießen Blei!
Fritz, laaf geschwind zer Hannelies,
se soll beizeiten rei,
se soll beizeiten rei.

Refr.: *Tra-ra ti-ral-la-la, tra-ra ti-ral-la-la,*
ti-ral-la-la, ti-ral-lal-la, ti-ral-la-la-la-la.

2. Nun ist der Heilig Abend da,
kommt rein, wir gießen Blei!
Heut' schmausen und heut' tanzen wir
und alle sind dabei
und alle sind dabei.

Refr.: *Tra-ra ti-ral-la-la ...*

3. Mer hobn aah sachzen Butterstolln,
su lang wie de Ufnbank
un wenn mer die zamm gassen hobn,
do sei mer alle krank,
do sei mer alle krank.

Refr.: *Tra-ra ti-ral-la-la ...*

4. Wir zünden Räucherkerzen an.
Und seht nur, wie es schneit!
Wenn sich die Pyramide dreht,
ist unsre schönste Zeit,
ist unsre schönste Zeit.

Refr.: *Tra-ra ti-ral-la-la ...*

5. In Arzgebirg is warrlich schie,
wenn's draußen stürmt un schneit;
un wenn de Peremett sich dreht,
is unn're schennste Zeit,
is unn're schennste Zeit.

Refr.: *Tra-ra ti-ral-la-la ...*

Lüttenweihnacht – das Fest der kleinen Helfer

An Heiligabend breitet sich der Weihnachtsfrieden über das ganze Haus. Alle finden sich in Feststimmung am Tisch ein und freuen sich auf das gemeinsame Essen. Diese Freude und Feststimmung ist im ganzen Haus zu spüren, selbst im kleinsten Winkel, in Ritzen und Ecken, ja selbst auf dem Kleiderschrank.

Hier überall wohnen nämlich die Wichtel und Heinzelmännchen, die die ganze Zeit bei allen Weihnachtsvorbereitungen unermüdlich geholfen haben. Auch sie feiern heute Abend das große Fest. Wichtel und Heinzelmännchen lehnen zwar Geschenke von Menschen grundsätzlich ab – wer seinem Hauswichtel etwas schenkt, der wird ihn bald vermissen müssen – aber, wer vergisst, seinen Haushelferlein von der Weihnachtsspeise abzugeben, der hat im nächsten Jahr ganz schlechte Karten – das ist nämlich eine Beleidigung für jeden Wicht!

Die Wichtel und Heinzelmännchen werden sich ihren Menschen niemals zeigen, drum haben sich die Menschen einiges einfallen lassen, ihren Helferlein was Gutes zu tun. In Norwegen und Schweden zum Beispiel stellen die Menschen ein Schüsselchen mit süßem, weißen Brei – Wichtel lieben alle weißen Speisen und alles, was süß ist – in eine verborgene Ecke des Hauses. Doch sind die Geschmäcker durchaus verschieden und mancher Heinzelmann fühlt sich besonders geehrt, vom dunklen Bier des Hausherren zu kosten. Im Erzgebirge ist es Brauch, einen Teller mehr zu decken für den heimlichen Gast bei Tisch. Da die Ess- und Trinkgewohnheiten verschieden sind und Wichtel und Heinzelmännchen am liebsten ungestört, ungesehen und in Frieden speisen, hat sich bei uns folgende Taktik bestens bewährt:

Die Familie speist vor der eigentlichen Bescherung. Dabei isst jeder so viel er kann, aber lässt den letzten Bissen noch auf dem Teller und das letzte Schlückchen im Glas. Die Reste in Töpfen und Schüsseln werden nicht abgedeckt, dann können die besonders hungrigen Wichte sich jederzeit noch was nachnehmen. Außerdem lieben die Wichtel eine gewisse Unordnung auf dem Tisch: zusammengeknüllte Servietten, Brotkrümel, Wachsreste, ein paar Soßenkleckse auf der Weihnachtsdecke … Bei so viel Durcheinander können sie sicher sein, dass die Menschen später auf keinen Fall ihre Spuren erkennen werden.

Wenn die Menschen dann vom Tisch aufstehen und ins Wohnzimmer zur Bescherung gehen, dann ziehen alle Wichtel und Heinzelmännchen in einem großen Festzug zur Weihnachtstafel. Dabei gehen sie besonders geschickt vor und bei jedem Paketrascheln der Kinder trauen sie sich mehr und mehr aus den heimlichen Ecken des Hauses und huschen an den Feiernden vorbei. Da kommt der Kellerwicht, der dafür sorgt, dass die Spinnen in Ruhe ihre Netze spinnen können, der Badewannenwicht, der dafür sorgt, dass die Kinder immer viel Spaß und gute Ideen beim Baden haben, der Küchenheinzel, der schon mal Salz mit Zucker vertauscht oder den Kartoffelschäler versteckt, der Bettenwicht, der Kindern nachts gern mal ein Nestchen in die Haare wuschelt, der Gartenheinzel, der dafür sorgt, dass Igel und Amseln genug Äpfel auf dem Boden finden. Ach, was soll ich euch erzählen, alle Wichtel und Heinzels, die es in einem solchen Hause braucht, versammeln sich an Heiligabend zur gemeinsamen Feier am Tisch der Familie. Der Oberwichtel hält dann eine festliche Rede und dankt stellvertretend für all die gute Arbeit der Wichte. Dann beginnt die große Mampferei. Die jungen Wichtel tanzen um die Teller herum, klettern die Trinkgläser hoch und nippen an den Köstlichkeiten. Je mehr Speisen auf dem Tisch geblieben sind, desto zufriedener die Wichtel. Sie danken es den Menschen mit einem besonders glücklichen neuen Jahr, denn sie geben sich dann noch mehr Mühe, ein glückliches Haus zu bedienen. Wichtel sind sehr fürsorglich, wenn auch gelegentlich zu Schabernack aufgelegt. So gehört es unbedingt zu ihren Pflichten, auch die Haustiere mit der Weihnachtsspeise zu versorgen. So kommt es, dass die Menschen – holt sich beispielsweise jemand noch was zu trinken aus der Küche – das Hauskätzchen mitten auf dem Tisch vorfindet – gerade genüsslich dabei, Soßenreste auf dem Teller abzulecken. Manchmal liegt auch der Haushund friedlich unter dem Tisch, einen Knochen abnagend.
Was soll ich euch sagen … räumt ja nicht den Tisch ab an Weihnachten, je unordentlicher die Küche bei der Bescherung, umso glücklicher das kommende Jahr!

Die Zeit zwischen den Jahren

Die Zeit zwischen den Jahren gehört der Familie. Nun ist es für Kinder wie Eltern Zeit zum Spielen, denn nach altem Glauben, soll in den 12 Tagen zwischen dem 25. Dezember bis 6. Januar nicht gearbeitet werden. Denn in dieser Zeit soll Frau Holle, bekannt aus den Märchen der Gebrüder Grimm, sehr ärgerlich werden, wenn geputzt oder gewaschen wird. Obwohl sie doch sonst die Fleißigen belohnt und die Faulen bestraft, wie im Märchen nachzulesen ist. Haus und Hof, Spinnstube, Küche und Werkstatt mussten aufgeräumt sein, Wäsche durfte nicht auf der Leine hängen, denn Unordnung wurde von Frau Holle bestraft. Zum Teil galt auch ein Arbeitsverbot, wenigstens aber ein Backverbot in dieser Zeit, weshalb entsprechend viel Brot und Gebäck zuvor hergestellt werden musste. In dieser Zeit wurden früher Haus und Hof ausgeräuchert und mit Weihwasser ausgesprengt, beides sollte schädliche Einflüsse abwehren. Auch heute noch findet sich der Brauch die Häuser zu segnen bei den Sternsingern. An den Tagen sollten Linsen, Bohnen und Erbsen gegessen werden, die als keimende Speisen für das nächste Jahr Glück bringen sollten.

Winteranfang

Um Weihnachten beginnt kalendarisch der Winter. Es ist die Zeit, Schlitten zu fahren, einen Schneemann zu bauen, so Schnee liegt, und einen schönen Verdauungsspaziergang im Wald zu machen, um den Winter zu begrüßen. Danach gibt es drinnen im Warmen eine heiße Schokolade.

Schneelichter

Material: Teelichter

Wenn wir das Glück haben, dass gerade in den „geruhsamen Tagen" Schnee fällt, dann können wir mit den Kindern kleine Schneehöhlen vor dem Haus bauen, in die wir Teelichter setzen, die wir am Abend entzünden. Das sieht im Dunkeln dann sehr schön aus, wenn wir durch die Fenster nach draußen schauen.

Eiszapfen

Ist es kalt genug, können wir mit den Kindern Eiszapfen selbst herstellen.

Material: Ausstechformen aus der Weihnachtsbäckerei, Faden, Auflaufform

Die Ausstecherle in die Auflaufform setzen, in jedes einen Faden legen, mit Wasser füllen und einige Stunden in das Eisfach legen. Die fertigen Eiszapfen können die Kinder vor dem Haus als Eisschmuck in die Bäume hängen.

108

Silvester mit Kindern

Silvester war ein Papst, dessen Pontifikat von 314 bis 335 währte. Seinen Gedenktag hat er sich ohne großes Zutun verdient, er verstarb lediglich am 31. Dezember 335. Und seit dem 17. Jahrhundert wird dieser Tag als letzter Tag im Jahr gefeiert.

In den Alpenländern gab es zu Silvester den Brauch, dass sich ein junger Mann als Silvester oder „Altes Jahr" verkleidete und während des Silvesterfestes am Ofen saß und jedesmal, wenn ein Mädchen in seine Nähe kam, dieses küssen durfte. Kurz vor Mitternacht verteilte dann der Hausherr grüne Zweige an die Gäste und mit Glockenschlag 24 Uhr vertrieben dann alle den Silvester bzw. das „Alte Jahr" aus dem Haus.

Am 31. Dezember gab es auch viele Orakelbräuche, schließlich wollte man wissen, was das Neue Jahr bringen wird.

Das Silvesteressen mit der Familie und Freunden bildet sichtbar den geschlossenen Kreis, bei dem es keinem Dämon gelingt, diesen aufzubrechen. Gemeinsam wird Altes beendet und Neues gemeinschaftsstabilisierend begonnen.

Zwischen den Jahren ist genügend Zeit, mit den Kindern eine gemeinsame Silvesterparty zu planen (vgl. Projektideen und Festvorschläge S. 123). Werden die Kinder vor Mitternacht müde, ist das ja gar kein Problem, dann schlafen sie eben, schließlich feiern die Familien ja zuhause.

Basteleien und Spiele zur Silvesternacht

Bockspringen

Beliebt war der Neujahrssprung. Das neue Jahr wurde um Mitternacht angekündigt. Wer wollte, sprang über hintereinander aufgestellte Schemel oder Stühle ins Neue Jahr. Wir machen daraus eine kleine, vergnügte Turnrunde für alle Silvestergäste

Die Gäste ducken sich hintereinander in die Hocke und ziehen den Kopf ein. Die Kinder springen der Reihe nach über alle Gäste ins neue Jahr.

Vom Stuhl springen

Weit verbreitet war eine Variante, nach der alle Anwesenden um 24 Uhr von einem Stuhl, auf dem sie standen, gemeinsam herunter und ins Neue Jahr sprangen.

Glücksbringer

Im Erzgebirge heißt es, wenn man Neujahr etwas falsch macht, geht es das ganze Jahr verkehrt. Streit ist deshalb tabu, Ordnung in allen Bereichen oberste Pflicht, ebenso Essen und Trinken im Überfluss, damit niemand im neuen Jahr hungern muss.
Zum Jahreswechsel ist es daher Brauch, das Schicksal durch allerlei Maßnahmen zu beeinflussen. Sei es durch Orakeln beim Bleigießen in der Silvesternacht oder durch das Verschenken eines der vielfältigen Glückssymbole – Kleeblatt, Schornsteinfeger, Hufeisen oder Schweinchen.

Glücksschweinchen aus Marzipan

Das Schwein galt als Symbol der Fruchtbarkeit und als Zeichen für Wohlstand und Reichtum. Ein Schwein zu haben bedeutete in früherer Zeit, in der ein üppiges Essen nicht zum Alltag gehörte, gut versorgt zu sein. Wohl auf diesem Hintergrund entstand die Redewendung „Schwein haben" im Sinne von „Glück haben".

Zutaten: Marzipanrohmasse, Puderzucker, rote Lebensmittelfarbe, Zahnstocher, Glücksklee (s. u.)

Die Marzipanrohmasse mit etwas Puderzucker weich kneten und mit einigen Tropfen roter Lebensmittelfarbe rosa einfärben.
Nun formen die Kinder die Glücksschweinchen:
- Bäuchlein – daumendicke Kugel formen.
- Köpfchen – fingerdicke Kugel formen und auf den Bauch setzen.
- Schweinchennase: winzige Kugel formen, mit dem Zahnstocher 2 Nasenlöcher piksen und die Nase an das Köpfchen drücken.
- Schweinsöhrchen: kleine Kugel halbieren, platt drücken und auf den Kopf setzen.
- Schweinshachsen – vier kleine Kügelchen rollen und unter den Bauch drücken.
- Ringelschwanz – kleine Wurst drehen, diese ringeln und hinten an den Schweinebauch drücken.
- Zum Schluss noch einen Glücksklee (S. 111) unter die Nase des Schweinchens stecken.

Schwein gehabt

Das Glücksschwein kann auch von einem alten Kartenspiel herrühren, bei dem das Ass „Sau" genannt wurde. Auf der Karte war ein Schwein abgebildet, also ein Glücksschwein. Wer beim Spielen verloren hatte, bekam als „Trostpreis" ein Ferkel, das durchs ganze Dorf getrieben werden musste.

Material: normales Skatblatt

Spielregel: Nur Asse (Sau) und Bilder (Bube, Dame, König) bringen Punkte. Die Asse zählen 11, die Bilder 10 Punkte.

Jedes Kind erhält drei Karten, ebenso werden drei Karten aufgedeckt auf den Tisch gelegt. Reihum darf nun jeder eine Karte auf dem Tisch mit den eigenen austauschen. Spielziel ist, Bilder und Asse zu sammeln. Wer „schiebt", ist nicht an den Karten interessiert. „Schieben" alle, werden drei neue Karten vom Stapel auf den Tisch gelegt und die alten beiseite gelegt. Gewonnen hat, wer zuerst 2 Bilder und ein As auf der Hand hat. Ergeben die Karten auf dem Tisch und in der Hand zusammen drei Asse, der hat Schwein gehabt und muss unverzüglich laut grunzend wie eine Wildsau durch die Wohnung jagen.

Glückspfennig

Ein Glückspfennig im Geldbeutel soll noch mehr Geld anziehen.

Material: Goldfolie, Bleistift, 1-Cent-Stücke, Schere, Klebstoff

Die Kinder legen das Centstück unter die Goldfolie, einmal mit der „1" nach oben und einmal mit dem „Blatt" nach oben, und rubbeln mit dem stumpfen Ende des Bleistifts tüchtig darüber. Nach und nach erkennen sie die Originalabbildung des 1-Cent-Stückes mit Vorder- und Rückseite. Beide Teile ausschneiden und zusammenkleben.

Glücksklee

Als Glücksklee gilt das vierblättrige Kleeblatt. Da nach einem Sprichwort der „Deuvel" bekanntlich nicht „op die kleenen Hauffen schitt", besteht, durch den Glücksklee ausgedrückt, Hoffnung darin, dass Seltenes nicht allein bleibt, sondern andere Seltenheiten anzieht.

Material: grünes Tonpapier, Schere, Bleistift

Die Kinder malen ein Kleeblatt auf (vier Kreise und ein Stängel) und schneiden dieses aus.

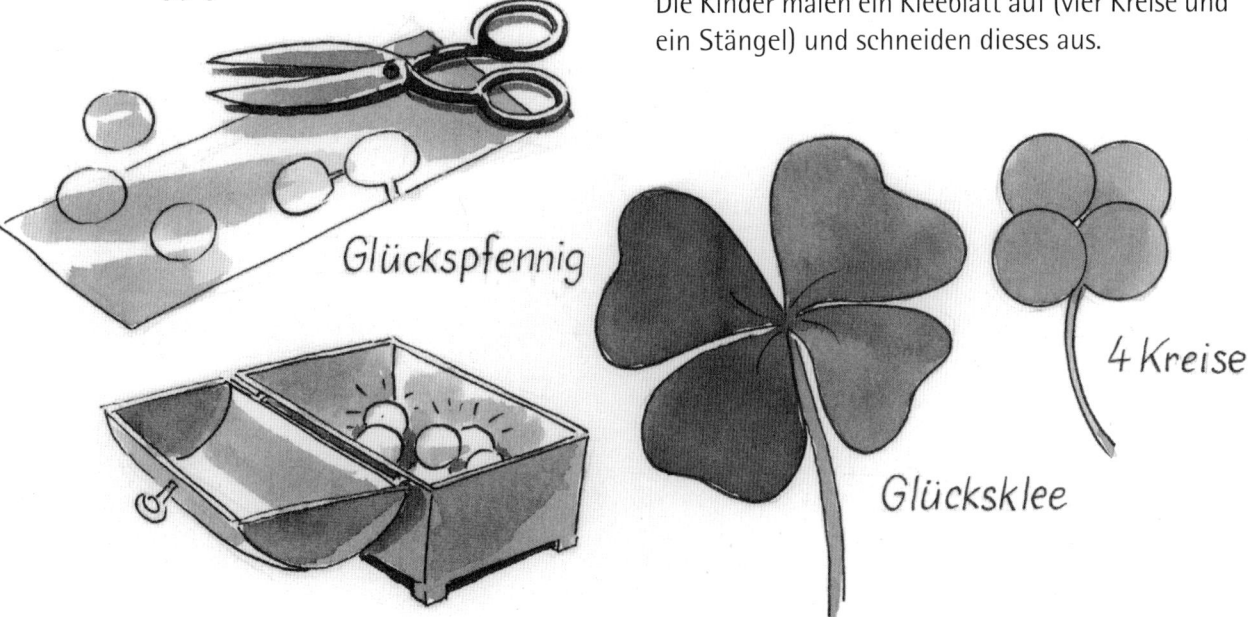

Glückspfennig

4 Kreise

Glücksklee

Hufeisen

Es ist umstritten, ob das Hufeisen auf die alte Verehrung von Eisen zurückzuführen ist. Wie das Hufeisen angebracht werden muss, dass es Glück anzieht, ist auch umstritten. Die Einen hängen es mit der Öffnung nach oben, dass es das Glück mit offenen Armen empfängt. Die anderen hängen es mit der Öffnung nach unten, damit das Glück sich über Haus und Hof ausbreitet.

Material: Goldfolie, Bleistift, Schere

Die Kinder stellen sich strümpfig auf die Goldfolie, umranden mit Bleistift die linke vordere Fußhälfte bis um den Ballen. Dann treten sie zur Seite und malen den Bogen innen noch einmal in 2 cm Abstand, so dass ein Hufeisen für die eigenen Füße entsteht. Jetzt können die Kinder noch kleine Vierecke mit dem Bleistift in den Bogen malen, als Zeichen für die Nägel, mit denen die Hufeisen am Fuß des Pferdes halten. Das Hufeisen ausschneiden und – je nach Wunsch – mit der Öffnung nach oben oder unten über der Zimmertür aufhängen.

Schornsteinfeger

Material: schwarzes Tonpapier, eine naturfarbene Holzperle, 3 schwarze Pfeifenputzer

Gefertigt wird der Schornsteinfeger wie der Pflaumentoffel (S. 46), statt Schaschlikspießen und Pflaumen, biegen die Kinder die Figur aus drei schwarzen Pfeifenputzern.

Adventskalender plündern

Material: alter Adventskalender mit Bildchen, Schere

Die Kinder schneiden nun die Fensterchen mit Glitzer und Zahlen, sowie die Bildchen aus dem alten Kalender aus und verwenden sie zusätzlich als Glückssymbole für die untenstehenden Knallbonbons – so hat der Kalender auch noch einen guten Dienst zum Jahresende getan.

Baumplündern

Material: Orakelnüsse (S. 92), Bügelbrett, Stuhl, großes Küchenbrett, Hammer

Ihr erinnert euch noch an die goldenen Orakelnüsse am Weihnachtsbaum? Genau um Mitternacht (bei ganz kleinen Leuten wohl eher etwas früher) werden sie vom Baum geplündert.
Damit dies mit noch mehr Spaß und gemäß dem Brauch mit viel Lärm verbunden ist, werden die Nüsse nicht einfach geknackt, sondern mit einem lauten Glücksspiel verbunden:

Glücksspiel

Das Bügelbrett schräg an den Stuhlsitz lehnen und an das untere Ende ein großes Küchenbrett legen. Ein Kind setzt sich rittlings auf den Stuhl und lässt die Orakelnüsse herunterkullern. Jeder versucht nun der Reihe nach mit einem Hammerschlag die herunter kullernde Orakelnuss kaputt zu hauen. Wem es gelingt, der hat Glück, wem nicht, der stellt sich hinten wieder an.

Bleigießen

Seit dem Altertum ist im ganzen europäischen Raum das Bleigießen verbreitet. Blei wurde schon im Altertum und Mittelalter magische Bedeutung beigemessen. Es wurde zu medizinischen Zwecken verwendet und man trug es als Amulett am Hals.

Material: Bleigießset (Drogerie, Spielwarenhandel), Teelicht mit Untersetzer, Schüssel mit kaltem Wasser ...

Das Blei wird in dem beigefügten Pfännchen über dem Kerzenlicht verflüssigt und dann in die Schüssel mit kaltem Wasser gegossen. Danach werden die entstandenen Formen als Glückssymbole „gedeutet".

Wachsgießen

Genauso verbreitet wie das Bleigießen ist das Wachsgießen

Material: Kerzenreste, Kaffeelöffel, Teelicht, Schüssel, Wasser

Die Kinder erhitzen einige Kerzenkrümel im Kaffeelöffel über dem Teelicht und gießen das flüssige Wachs dann in das kalte Wasser. Wer entdeckt Glückssymbole?

Wetterorakel

Das untenstehende Zwiebelorakel war ein beliebtes Wetterorakel, nicht nur im Erzgebirge.

Zutaten: 1 Zwiebel, Messer, Salz

Von einer halbierten Zwiebel werden 12 Schalen nebeneinander gelegt. Sie versinnbildlichen jeweils einen Monat des kommenden Jahres. Mit einer Prise Salz bestreut, zeigen sie am nächsten Morgen an, wie das Wetter im entsprechenden Monat wird: Bleibt das Salz trocken oder wurde es feucht, so soll auch der entsprechende Monat trocken oder feucht werden. – Vielleicht nutzt es ja bei der Urlaubsplanung!

Knallbonbons

Material: Klopapierrollen, gebrauchtes Geschenkpapier, Schere, gebrauchte Geschenkbänder, Glückssymbole (siehe oben)

Die Kinder schneiden die Klopapierrollen quer in der Mitte auseinander. Nun verstauen sie ihre Glückssymbole (Kleeblätter, Glückspfennige, Schornsteinfeger, Marzipanschweinchen..) gut in den zwei Hälften, dass nichts herausschaut. Sie breiten altes Geschenkpapier aus, bestreichen die Rollen von außen mit Klebstoff und rollen sie so in das Geschenkpapier ein, dass das Geschenkpapier rechts und links etwa 10 cm übersteht. Diesen überstehenden Rand binden sie mit dem alten Geschenkband zu. Fertig ist das Knallbonbon.
Die Knallbonbons auf dem Silvestertisch verteilen und um Mitternacht wird kräftig an ihnen rechts und links gezogen und mit einem „Ratsch" regnen die ganzen Glückssymbole vergnügt auf den Tisch.

Blasrohre

Material: Papprohre von Küchenrollen, bunte Wattekügelchen, Alufolie, Schere, Klebstoff

Die Papprohre einmal längs aufschneiden, etwas enger zusammenrollen und wieder neu verkleben, so ist der Durchmesser der „Durchlauf" verringert. Die Alufolie um die Röhre wickeln, so sieht sie „festlicher" aus.
Schon ist das Blasrohr bereit, um mithilfe der vielen Wattekügelchen und viel Puste so manchen Silvesterscherz zu treiben ...

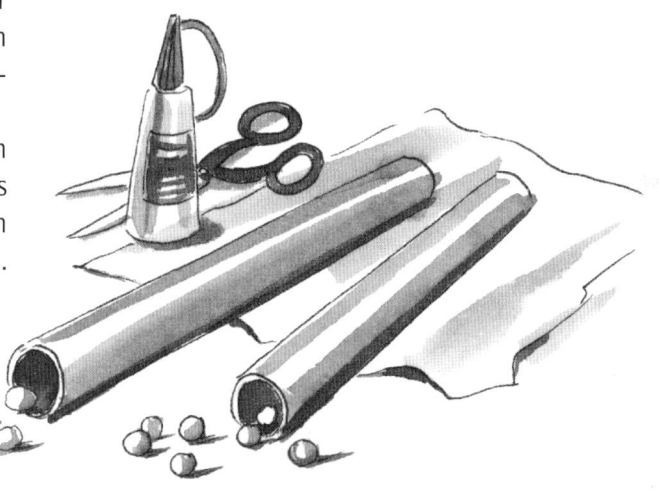

Silvesterbuffet

Das Silvesterbuffet wird ganz nach eigenem Gusto gestaltet, mit Salaten nach eigener Wahl, kleinen Broten mit Dips – ganz wie es gefällt. Die Kinder helfen gerne bei der Vorbereitung.

hälfte auf ein hartgekochtes Ei setzen. Nun noch Mayonnaisetupfer auf die Pilzkappe setzen – fertig ist der Glückspilz.

Glückspilze

Zutaten: Tomaten, Eier, Mayonnaise, Salz und Pfeffer

Die Eier hartkochen und pellen. Die Tomaten quer halbieren und das Innere der Tomate mit einem Esslöffel herausnehmen. Die Tomate innen mit etwas Salz und Pfeffer bestreuen. Die Tomaten-

Paprika-Tomaten-Dip

Zutaten: das Tomateninnere aus den Glückspilzen, Paprika, Frischkäse, Schafskäse, etwas Salz und süßes Paprikapulver

Paprika und das Innere der Tomaten möglichst klein würfeln und in einer Schüssel mit den übrigen Zutaten verrühren – fertig ist der Dip.

Silvester

Nr. 24
Text & Musik: Isolde Lommatzsch

Sil-ves-ter, komm, wir sto-ßen an noch ein-mal auf das al-te Jahr! Im Nach-hi-nein war's wun-der-bar, das gu-te al-te Jahr! Sil-ves-ter, komm, wir fei-ern heut' wir hat-ten ja 'ne gu-te Zeit und den-ken noch ein-mal zu-rück an man-ches klei-ne Glück!

Du brauchst auch gar nicht trau-rig sein, wir fei-ern in das neu-e rein und nächs-tes Jahr beim Wie-der-sehn, da wird's ge-nau-so schön!

Silvester, komm, wir stoßen an
noch einmal auf das alte Jahr!
Im Nachhinein war's wunderbar,
das gute alte Jahr!

  Mein lieber Freund, zieh kein Gesicht,
  dir stehen solche Falten nicht.
  Wir feiern deinen Namenstag,
  du weißt, dass ich ihn mag.

Silvester, komm, wir feiern heut,
wir hatten ja 'ne gute Zeit
und denken noch einmal zurück
an manches kleine Glück!

Ich sing ein Abschiedslied für dich,
dann weiß ich, du vergisst mich nicht,
du kommst im nächsten Jahr zurück,
ich wünsche dir viel Glück!

Silvester, komm, wir stoßen an
noch einmal auf das alte Jahr!
Im Nachhinein war's wunderbar,
das gute alte Jahr!

Silvester, komm, wir feiern heut,
wir hatten ja 'ne gute Zeit
und denken noch einmal zurück
an manches kleine Glück!

Jetzt ist aber Schluss mit Weihnachten

Ihr kennt bestimmt auch diesen Reim: „Advent, Advent ein Lichtlein brennt. Erst eins, dann zwei, dann drei, dann vier, dann steht das Christkind vor der Tür und wenn das fünfte Lichtlein brennt, dann hast du Weihnachten verpennt"... und genauso ist es.

Weihnachten hat ein eindeutiges Verfallsdatum. Pünktlich zum 6. Januar fängt der Tannenbaum an zu nadeln und jeder spürt in sich das eindeutige Gefühl, dass jetzt gut ist mit Weihnachten. Wie macht es da Spaß, zusammen alles, was Weihnachten ist, wieder wegzupacken und zu verstauen. Das klappt bei uns am besten mit lauter Radiomusik und los geht's: zuerst die Krippe mit den Krippenfiguren. Die große Kiste geholt, alle Figürchen in Zeitungspapier einwickeln und in der Krippe stapeln. Dann die ganze Krippe im Karton verstauen. Jetzt den Baum plündern, erst die Kugeln und sonstigen Baumanhänger runter, dann die Sterne auf Zeitungspapier schichten, nun noch die Kerzen abknibbeln. Jetzt kommt der eigentliche Spaß, den Baum aus dem Ständer ziehen und wenn möglich direkt aus dem Fenster werfen. Wer das nicht machen kann, der zieht den Baum durch die ganze Wohnung, wo er eine breite Tannennadelspur hinterlässt. Jetzt muss der Staubsauger seinen Dienst versehen. Das ist eine Freude, wenn alles wieder wegkommt. Oh, da hängen noch all die Weihnachtskarten am Balken, abnehmen und verstauen. Hier und da sitzt noch ein Engel, weg damit.
Sonst haben wir den Baum immer von der Jugendfeuerwehr für eine kleine Spende abholen lassen, aber dieses Jahr haben wir ihn selbst im Garten verkleinert. Dazu haben wir mit der Gartenschere erstmal die Zweige abgeschnitten, den Stamm haben wir dann kleingesägt und dann an unserer Feuerstelle ein Feuerchen damit entzündet. Ich sag euch, das war fast noch schöner als das Silvesterfeuerwerk. Die Zweige fangen an zu knistern und da der Tannenbaum ganz viel ätherisches Öl enthält, kracht und knistert er und Funken sprühen lichterloh.
Jetzt liegt das neue Jahr vor uns und da es draußen immer noch bitterkalt ist, nutzen wir die Zeit, Pläne für den Frühling zu schmieden ...

Projektideen und Festvorschläge

für Kindergarten, Schule und Zuhause

Alle nachfolgenden Projektideen und Festvorschläge eignen sich für Kindergarten, Schule und Zuhause gleichermaßen, so dass ich auf eine Unterteilung verzichte. Lediglich das Fingerspiel eignet sich weniger für die Schulkinder und Schulkinder können beim Weihnachtsmarktstand auch schon selbst als Verkäufer handeln. Ansonsten sind die Angebote altersübergreifend für Groß und Klein gemeinsam gedacht. Nur die Silvesterparty kann schlecht in Kindergarten und Schule stattfinden, denn in der Neujahrsnacht sind alle Familien zuhause!

Elternabend nach Martini

Da die Weihnachtszeit früher und eigentlich auch noch heute mit Martini beginnt, ist dies ein willkommener Anlass, einen Elternabend sowohl im Kindergarten, als auch in der Schule zu veranstalten, um dieses Jahr rechtzeitig den Eltern, wie auch BetreuerInnen, ErzieherInnen, LehrerInnen Lust auf Weihnachten zu machen.
Sinn des Treffens ist es, den jährlichen Stress aus der Weihnachtszeit raus zu bekommen und gemeinsam zu überlegen, „Was macht uns Spaß?", „Was lässt uns als Gemeinschaft zusammenwachsen?", „Wie viel Termine können wir vertragen?" und „Wie gestalten wir gemeinsam ‚Himmlische Zeiten für Kinder', ohne danach selbst am Stock zu gehen."
Die nachfolgenden Projektideen dienen dazu, der Elternschaft Vorschläge für gemeinsame Veranstaltungen zu machen.

Die Weihnachtswerkstatt

In jedem Kindergarten und in der Schule gibt es während der Adventszeit einen gemeinsamen Bastelnachmittag mit Eltern und Kindern oder einen Bastelabend nur mit Eltern. Hier einige Ideen, wie dieses Treffen variantenreich gestaltet werden kann. Die nachfolgenden Ideen können sowohl als Einzelaktionen gemeinsam mit den Eltern bei einem Treffen gewählt werden, oder es kann eine Auswahl der verschiedenen Werkstätten, Weihnachtsgärtnerei, Weihnachtsbäckerei, Weihnachtsbastelstube und Wichtelwerkstatt getroffen werden, die dann in unterschiedlichen Gruppenräumen angeboten werden. Die Eltern und Kinder können so wählen, wo sie sich am liebsten beteiligen mögen. Wird aus jeder Werkstatt etwas angeboten, so trifft sich die „Weihnachtsbäckerei" in der Küche und die anderen drei Werkstätten in gesonderten Räumen. In der Wichtelwerkstatt haben die Eltern natürlich keinen Zutritt (vgl. S. 76), schließlich haben da die Kinder die Chance, für ihre Familie „heimlich" etwas für Weihnachten zu gestalten.
Die entstandenen Produkte aus der Weihnachtswerkstatt kann entweder jede Familie mit nachhause nehmen, oder der Kindergarten beteiligt sich am Weihnachtsmarkt vor Ort, oder veranstaltet selbst einen Weihnachtsbasar (S. 119). Der Erlös kann für Anschaffungen im eigenen Kindergarten genutzt werden, oder auch anderen Projekten zugute kommen.
(vgl. An andere denken, S. 64)

Die Weihnachtsgärtnerei

Für die Weihnachtsgärtnerei bringt jede Familie nach Belieben frisches Tannengrün, Tannenzapfen, immergrüne Zweige (Ilex, Buchsbaum etc), Nüsse, Hagebutten, Moosfleckchen, Wurzeln – eben alles, was sich in der Natur findet – mit (vgl. S. 18).

Folgende Angebote sind möglich:

- **Gemeinsam den Adventskranz binden** (S. 20f)
  Alle Materialien sind sortenweise auf einem großen Tisch zu finden. Die Familien gestalten sich zuerst einen eigenen Adventskranz und wenn ein gemeinsamer Verkauf geplant ist, noch einen weiteren für den Verkauf. Die Kinder helfen beim ersten mit und machen sich dann einen eigenen Puppenadventskranz (vgl. S. 21).
- **Kerzengießerei** (S. 21)
  In der Kerzengießerei können gemeinsam Adventskerzen gegossen werden und auf einem kleineren Tisch werden in einem großen Topf gemeinsam Bienenwachskerzen gezogen.
- **Paradiesgärtlein** (S. 19)
  Wer mit den Kindern gemeinsam ein Paradiesgärtlein gestalten will, fügt allerlei Naturmaterialien zu einem Gärtchen zusammen. Die Eltern verwandeln dann heimlich in der Nacht zum 1. Dezember das Gärtchen in einen Edelsteinadventskalender (S. 38).
- **Waldlichtung im Blumenkasten** (S. 23)
  Jede Familie bringt einen Blumenkasten, Blumenerde und Frühlingszwiebeln mit. Gemeinsam werden die Blumenkästen bestückt. Entweder geht der fertig gestaltete Blumenkasten mit nach Hause oder er verbleibt im Kindergarten. Die Kinder sind dann die Paten für die „schlafenden Blümelein" und versorgen die Kästen mit Wasser über den Winter.

- **Meisenzweiglein** (S. 26)
  Die Familien gestalten zusammen die Meisenzweiglein. Diese werden entweder mit nachhause genommen, verbleiben an den Fenstern des Kindergartens oder werden bei einem gemeinsamen Waldspaziergang (S. 98) als Geschenk in den Wald gegeben.

Die Weihnachtsbäckerei

- **Quarkstollengroßbäckerei** (vgl. S. 40)
  Entscheiden sich Eltern und ErzieherInnen, in die Großproduktion von Weihnachtsstollen einzusteigen, ist diese Aktion besser für einen Elternabend ohne Kinder geeignet, es würde sonst zu viel Leerlauf für Kinder entstehen und das Ganze ist für sie dann nicht so spannend. Für Eltern und ErzieherInnen kann daraus ein recht vergnüglicher Abend werden ... Gibt es dann noch einen Bäcker in der Elternschaft, ja dann kann der Teig auch noch in der Bäckerei zusammen abgebacken werden, ganz so, wie es der gute Dresdner Stollen vorsieht. Am Ende bekommt jede Familie einen Stollen mit nach Hause, die Restproduktion wandert auf den Weihnachtsmarkt ...
- **Marzipankartoffeln**
  Rund um den Tisch werden von Groß und Klein Marzipankartoffeln (S. 52) gerollt für den eigenen Verzehr für Nikolaussäckchen oder für einen Weihnachtsstand auf dem Markt oder Adventsbasar in den eigenen Räumen (S.119).
- **Gemeinsames Plätzchenbacken** (S. 82ff)
  Getreu der gleichnamigen Geschichte statten sich Eltern wie Kinder mit Schürzen, Backutensilien und Zutaten aus und backen gemeinsam die Plätzchen ab. Als zusätzliches Schmankerl bringt jede Familie noch ein eigenes Lieblingsrezept mit und los geht's mit dem wunderbaren Chaos ...)

Die Kinder, die zwischendurch etwas Bewegung brauchen, tanzen mit den Großen zu den mitgebrachten Weihnachts-CDs oder zur CD des Buches ...

Die Plätzchen werden gerecht geteilt, der Rest wandert auf den Weihnachtsmarkt für einen guten Zweck. (vgl. auch Lied „Naschen" und Umsetzung S. 86)

Die Weihnachtsbastelstube

In der Weihnachtsbastelstube geht es hoch her. Ob die erzgebirgische Weihnachtspyramide (S. 30) als großes gemeinsames Weihnachtsversuchsprojekt gestartet wird oder der Weihnachtsspirale für den Hausgebrauch (S. 36), dem Klausenbaum als ältere und urige Alternative zum bekannten Adventskranz (S. 31) der Vorzug gegeben wird, hier wird gebastelt, was das Zeug hält. Mit selbst gezogenen Bienenwachskerzen (S. 21) erstrahlt der Schwibbogen (S. 35) und das Zwergenbergwerk (S. 35), Lichterhäuschen (S. 36) für den späteren Adventskalender werden gestaltet. Das Weihnachts-Winterdorf auf der Fensterbank für zuhause, den Kindergarten und den Weihnachtsmarkt entsteht. Das Räuchermännlein (S. 35) mit Apfel und Eichelpfeifchen vervollkommnet die entsprechende Geschichte (S. 33), ein selbst gemachter Nussknacker (S. 45) hilft beim Nüsse knacken oder dient als Nikolausgeschenk für Freunde. Das Lebkuchenhäuschen (S. 45) bringt bestimmt gute Einnahmen beim Adventsbasar. Ebenso der Pflaumentoffel (S. 46) ist schön zum Verschenken oder zum Eigenverzehr. Eltern wie Kinder können gemeinsam die Weihnachtskarten (S. 57) gestalten, ob Schneekristall, eine Weihnachtskarte mit Aquarell, dem Fensterbild oder dem selbst gestalteten Weihnachtsstempel.

Später im Advent wird es dann Zeit für den Baumschmuck (S. 90f). Ob Spanketten, Wachssternchen, den glitzernden Tannenzapfen, den Nusswichteln mit ihren Wichtelbabys. Die goldenen Orakelnüsse können von Kindern gestaltet werden mit Glückssymbolen (S. 110f) oder mit weisen Sprüchen der

„Alten" (S. 54) versehen werden. Schwebeengel (S. 92) sind kinderleicht und die „Waldkrippe" (S. 98) geht am besten unter der Mithilfe von Vätern. Die Krippenfiguren können die Kinder dann unter der Woche zur Krippe gestalten.

Die Wichtelwerkstatt

In der Wichtelwerkstatt (S. 76ff) haben nur Kinder Zutritt. Hier werden Ozeankerzen, Duftkerzen, das orientalische Gewürzpotpourri, Lavendelsäcklein, Briefbeschwerer, Lesezeichen, Filzhaarbänder, Muschelarmbänder, Naturmobile als dauerhafte ganzjährige Geschenke gestaltet plus Geschenktütchen – je nach Gusto und Entscheidungswille.

Adventsbasar und Weihnachtsmarkt

All die gemeinsam hergestellten Dinge aus den „Werkstätten" können für einen guten Zweck (eigene Anschaffungen für den Kindergarten, überregionale Projekte („An die Anderen denken", S. 64) bei einem Weihnachtsmarktstand der Gemeinde oder auf einem eigenen Adventsbasar verkauft werden. Der gute Zweck liegt darin, dass die Kinder erleben, dass es, wenn sie eine Sache gemeinsam anpacken und für eine gute Sache ein bisschen Zeit miteinander verbringen, große Auswirkungen hat ...

Als Vorbereitung für solch eine Aktion läuft dieses Projekt in der Kindergruppe am besten folgendermaßen an: Mit einer ersten Information über die Historie über Weihnachtsmärkte (S. 60), dem Lied „Auf dem Weihnachtsmarkt" (S. 59), besucht die Kindergruppe selbst den ersten Weihnachtsmarkt in der Region (S. 60). Mit diesen ersten Eindrücken gestalten die Kinder ihren „Spielzeug-Weihnachtsmarkt" (S. 62). Die Geschichte „Wichtelmütze und Butzelmann" (S. 61) animiert sie, selbst Marktständler zu werden. Danach geht es an die Herstellung von eigenem Handwerk (s. Register bzw.

Projektideen gemeinsam mit Eltern „In der Weihnachtswerkstatt" (S. 117).

Mit der Geschichte „Eine Herberge in den Anden" (S. 65) und dem Lied „Hörst du meine leise Stimme?" (S. 63) werden die Kinder sensibilisiert auch an Andere zu denken (S. 64) und werden so Eigeninitiative und „Händlergeschick" aufbringen, gemeinsam mit ErzieherInnen und Eltern einen eigenen Weihnachtsmarktstand zu gestalten. Ganz nebenbei lernen sie, ihre Waren anzupreisen und den ersten Umgang mit Geld – und das für eine gute Sache.

Weihnachtsgeschichtennachmittag

Wesentlich beschaulicher geht es bei einem Weihnachtsgeschichtennachmittag in der Kindergruppe zu. Nachdem sich die erwachsenen Begleiter der Kindergruppe für eine Auswahl der Geschichten aus dem Buch oder auch andere Weihnachtsgeschichten entschieden und die drei goldenen Regeln für Vorlesestunden (S. 9) berücksichtigt haben, kommen die Kinder in den Genuss von: „Im Weihnachtsland" (S. 6), „Das Hühnchen" (S. 27), „Wenn die Erzgebirgler ihr Räuchermännlein wecken" (S. 33), „Der Trompeter" (S. 16), „Der Weihnachtsfrieden" (S. 88), „Vergelt's euch Gott" (S. 32), „Danke lieber Nikolaus" (S. 34), „Das Wunschzettelengelein" (S. 55), „Die Märchenfrau im Einkaufsland" (S. 10), „Eine Herberge in den Anden" (S. 65), „Wichtelmütze und Butzelmann" (S. 61), „Himmlische Zeiten für Katzenkinder" (S. 80), „An Weihnachten sind alle wieder da" (S. 102), „Lüttenweihnacht" (S. 105) oder „Jetzt ist aber Schluss mit Weihnachten" (S. 116) und möglichen anderen Geschichten, die nicht in diesem Buche stehen. Alle Geschichten werden ganzheitlich in einen Rahmen gestellt. Entweder gibt es Lieder, Tänze oder Bastelaktionen hierzu (vgl. hierzu die entsprechenden Aktionen bei den jeweiligen Geschichten).

Ausgelassene Spiele in der Weihnachtszeit

Hier nun eine Auswahl für einen lebendigen wilden Spielenachmittag. Vom „Oberförster Roderich" (S. 24), geht es mit dem „Weihnachtspyramidentanz" (S. 32) dem „Schuhorakel im Kreis" (S. 37) passend zur Andreasnacht mit seinen Losbräuchen, über das „Wunschzettelengelein" (S. 55) zu lustigem Wichtelschabernack (S. 72f) mit „Welcher Wichtel hat genascht?", „Spielzeug lebendig werden lassen", „Wo ist der Schlüssel?", „Chaos im Kinderzimmer", „Durcheinander an der Garderobe", „Kleiderschabernack", dem Tanz- und Fingerspiel „Die Wichtelwerkstatt" (S. 76), „Gemeinsam Geschenke packen" (S. 79), „Viele kleine Päckchen packen" (S. 80), „Gemeinsam ein großes Paket packen" (S. 80) hin zum „Bockspringen" (S. 110) als symbolischen Sprung ins neue Jahr.

Natürlich Weihnachten

Bei diesem Projekt geht es in und um die Natur in der Weihnachtszeit. Mit einem Spaziergang durch den Weihnachtswald (vgl. S. 98) als Auftakt beobachten und reflektieren die Kinder die Veränderung in der Natur, begreifen das Ruhen der Vegetation und gleichzeitig die Vorbereitung für das Wiedererwachen der Natur im folgenden Frühjahr. Die Kinder sammeln dabei noch Grünes für die Weihnachtsgärtnerei (S. 18), zuhause gestalten sie dann die „Waldlichtung im Blumenkasten" (S. 23), bei der sie Zwiebelchen von Frühblühern in der Erde ruhen lassen. Mit dem Lied und Spiel zum „Oberförster Roderich" (S. 24) wird die Einsicht für Tiere im Winter geweckt. Anschließend kümmern sich die Kinder selbst um die Tiere, machen ihnen „Meisenzweiglein" (S. 26) und beobachten, wie die Vögel die Geschenke freudig annehmen. So können sie die Vogelarten einordnen und bestimmen. Bei der „Erzgebirgischen Weihnachtspyramide"

(S. 30) wird dann der Forschergeist geweckt. Einfacher zu gestalten, aber genauso wirkungsvoll ist der „Klausenbaum" als einfache Weihnachtspyramide. Die Natur selbst gestalten die Kinder dann mit „Paradiesgärtlein" oder „Zwergenbergwerk" (S. 35).

Werden am 4. Dezember die „Barbarazweige" (S. 41) geschnitten und in die Vase gestellt, wird den Kindern das spannende Warten auf das Wiedererwachen der Natur deutlich, genauso beim „Lichterweizen" der heiligen Lucia (S. 68). „Der Pflaumentoffel" (S. 46) lässt gesundes Trockenobst sinnvoll verschenken. Während der Aktionen gibt's natürlich „Kinderpunsch", „Heißen Apfelsaft", „Bratäpfel" oder „Heiße Maronen" (S. 52) als natürliche Alternative zum sonstigen Süßkram in der Weihnachtszeit. Mit „Wichtellichtern", „Wichteltannenbaum" und einer „Wichtelwohnung" (S. 69) werden die Kinder für die kleinen Helfer in der Weihnachtszeit sensibilisiert. Zum Schluss wird die Natur selbst geehrt durch das Herstellen von Baumschmuck (S. 91f), z. B.: „Spanketten", „Glitzernde Tannenzapfen", „Nusswichtel" mit ihren „Wichtelbabys", „Orakelnüsse", Schwebeengel" und „Waldkrippe" (S. 98) … Dieses Projekt mündet im Krippenspiel „Weihnachten im Tier und Pflanzenreich" (S. 97)

Erzgebirgische Handwerksstube

Als Raum- und Materialvorbereitung alle Dinge zum Herstellen bereithalten (siehe die folgenden Anleitungen). Bestimmt finden sich in der Familie und im Freundeskreis echte Spieldinge aus dem Erzgebirge als Anschauung und Einstimmung: zum Beispiel ein echtes Räuchermännlein, ein Schwibbogen, eine original erzgebirgische Weihnachtspyramide oder ein erzgebirgischer Nussknacker, oder ein Pflaumentoffel. Nach der Geschichte „Im Weihnachtsland" (S. 6) werkeln die Kinder in der „Handwerksstube" nach Belieben ein „Paradiesgärtlein" (S. 19), die „erzgebirgische Weihnachtspyramide" (S. 30). Wer will, kann den „Weihnachtspyramidentanz" (S. 32) tanzen, das Zwergenbergwerk (S. 35) als Symbol für den erzgebirgischen Bergbau basteln, sich an einem „Schwibbogen" probieren oder das „Lichterhäuschen" oder gleich das ganze „Weihnachts-Winterdorf" (S. 36) auf der Fensterbank entstehen lassen. Dazu hören sie natürlich das „Lied vom Rachermannel" und dazu die erklärende Geschichte „Wenn die Erzgebirgler ihr Räuchermännlein wecken" (S. 33). Dazu basteln sie „das Räuchermännlein" (S. 35) und essen dazu den original Dresdner Stollen oder den einfacheren selbstgebackenen „Quarkstollen" (S. 40). Weiter geht's mit der witzigen Bastelidee vom „Nussknacker" (S. 45) oder die Kinder steigen groß in die „Pflaumentoffelproduktion" (S. 47) ein. Kleine „Schwebeengel" (S. 92) läuten den Abend ein und nach so viel Handarbeit gibt's am Abend natürlich ein Neunerlei (S. 103) und zwar nach Wahl und Kindergeschmack selbst zusammengestellt. Nach dem gemeinsamen Essen wird mit dem „Heiligobendlied" um den Tisch getanzt und da die Erzgebirgler schon am Heiligabend orakeln, ist auch im frühen Advent „Bleigießen", „Wachsgießen" oder das „Das Wetterorakel" (S. 113) als Abschluss erlaubt.

Das Nikolausfest

Das traditionelle Nikolausfest in Kindergarten und Schule kann durch folgende Aktionen des Buches bereichert werden: Mit der Geschichte „Vergellt's euch Gott" (S. 49) kommt ein bisschen „Augenzwinkern" in die jedes Jahr gestellte Frage: „War das der echte Nikolaus?" Mit dem Basteln von „Nikolausdampfern" (S. 44) und dem „Zu-Wasserlassen" der Lichterboote wird ein anderer Nikolausaspekt ins Spiel gebracht. Mit einem Heischegang durch die Nachbarschaft am 5. Dezember (S. 43) wird altes Brauchtum neu belebt und neben Kinderpunsch, Bratäpfeln und heißen Maronen (S. 52) bekommen die Kinder bestimmt ein neues Geschmackserlebnis mit heißem Apfelsaft, Honig und Zimt. Auf die Ohren gibt's keine Rute, sondern das total witzige Kinderlied vom Nikolaus (S. 51). Mit der Geschichte „Danke lieber Nikolaus" (S. 53) wird zum Ausklang aufgezeigt, dass Traditionen sich bei neuen Bedürfnissen in der Familie verändern und trotzdem genauso tief berühren können. Ach ja und in den Nikolausstiefel wandern dieses Jahr natürlich die Marzipankartoffeln (S. 52)

Fest zur heiligen Lucia

Immer häufiger wird auch in unseren Breiten das Fest der heiligen Lucia am 13. Dezember gefeiert. Mit der Geschichte „Wie die heilige Lucia nach Schweden kam" verkleiden sich die Kinder als Lucienbräute oder Wichtel (S. 70) säen „Lichterweizen" (S. 68), basteln „Wichtellichter" (S. 69), backen „Luciakatzen" (S. 70) und setzen sich am Morgen des 13. Dezembers zu einem „Frühstück bei Kerzenschein" (S. 70) zusammen. Sie ziehen mit einem kleinen „Lichterumzug durchs Haus" und wichteln am Luciatag (S. 71), was das Zeug hält. Mit „Wichtelschabernack" (vgl. S. 72ff.) klingt der Morgen aus.

Das Wichtelfest

Wer die Wichtel dieses Jahr in der Adventszeit stärker betonen will, der richtet sein Projekt ganz wichtelig aus. Im Kindergarten hängt der „Wichtelsockenkalender" (S. 30), für den jedes Kind einen Einzelsocken von zuhause mitgebracht hat. Die Kinder binden „Wichteltannenbäume" mit entsprechender „Wichtelwohnung" (S. 69). Zwischendurch gibt's jede Menge Wichtelspiele (S. 72ff): „Spielzeug lebendig werden lassen", „Wo ist der Schlüssel?", „Chaos im Kinderzimmer", „Durcheinander an der Garderobe", „Kleiderschabernack" und mit dem Lied „Aus der Wichtelwerkstatt" (S. 75) und dem dazugehörigen Tanz- und Fingerspiel „Die Wichtelwerkstatt" werden die Kinder selbst zu Wichteln und basteln ihrer Familie und Freunden „Geschenke aus der Wichtelwerkstatt" (S. 76f): „Ozeankerzen", „Duftkerzen", Orientalisches Gewürzpotpourri, Lavendelsäcklein, Briefbeschwerer, Lesezeichen, Filzhaarbänder, Muschelarm-bänder, Naturmobile. Danach geht es ans „Gemeinsam Geschenke packen" (S. 80), „Viele kleine Päckchen packen" (S. 79), „Gemeinsam ein großes Paket packen"(S. 80). Der Tannenbaum wird dieses Jahr mit „Nusswichteln" und Wichtelbabys (S. 91) geschmückt. Und als Ausklang des Wichtelprojektes hören die Kinder die Wichtelgeschichte „Lüttenweihnacht" (S. 105).

Die Weihnachtsfeier

Ja und die Weihnachtsfeier dieses Jahr wird bereichert und belebt durch alle Aktionen, Spiele, Basteleien, Dekorationen, Rezepte, Geschichten und Lieder quer durchs Buch und mit der gleichnamigen CD, egal ob mit oder ohne Weihnachtsspiel (S. 93ff).

Die Neujahrsparty zuhause

Dieses Jahr wird es den Kindern an Silvester garantiert nicht langweilig und die Großen können mit Freunden und deren Kindern endlich vergnügt und mit viel Spaß gemeinsam ins Neue Jahr feiern. Zwischen den Jahren (S. 107) haben die Eltern Zeit mit den Kindern das Fest zu planen, denn es soll ja sowieso nicht gearbeitet werden. Gemeinsam wird ein Silvesterbuffet (S. 114) nach eigenen Vorstellungen und häuslichem Geschmack vorbereitet. Nicht fehlen sollten die „Glückspilze" und daraus der Paprikatomatendip für leckere Brote. Dann werden all die Neujahrssymbole (S. 111) gebastelt: „Glücksschweinchen aus Marzipan", „Glückspfen-

nige", „Hufeisen", „Glücksklee" und der „Schornsteinfeger". Desweiteren nach Belieben die Überraschungen und Spieldinge für die Gäste wie „Knallbonbons" oder „Blasrohre" (S. 114). Wenn dann die Gäste kommen, spielen sich Groß und Klein durch die Silvesternacht (S. 111f) mit „Schwein gehabt", „Bockspringen", „Vom Stuhl springen".

Und pünktlich um Mitternacht wird der „Baum geplündert" und mit einem Blick in die Zukunft mit „Bleigießen", „Wachsgießen" oder dem „Wetterorakel" (S. 113), mit dem Silvesterlied (S. 115) klingt das Alte Jahr aus und das Neue beginnt mit „Himmlischen Zeiten für Kinder"!

Anhang

Register

Spiele, *Basteleien* und <u>Rezepte</u>

Zur Autorin

Sybille Günther, Erzieherin, Diplom Sozialpädagogin, Spieldozentin und Autorin zahlreicher Fachbücher der Pädagogik und Spielpädagogik lebt und arbeitet in Neckargemünd bei Heidelberg. Mit „Himmlische Zeiten für Kinder" setzt sie ihre Jahreszeitenreihe im Ökotopia Verlag fort.

Alles, was sie schreibt, tut sie auch und so gibt sie bundesweit Fortbildungen für ErzieherInnen und LehrerInnen, spielt mit Kindern auf Spielfesten in themenbezogenen Spielaktionen mit ihrer Gruppe MOMO. Auch zu lebendigen Mitmachlesungen zu ihren Büchern kann man sie buchen. Kontakt über MOMO (s. Anzeige).

Widmung

Für die vielen Begegnungen und Anregungen zu den Weihnachtsgeschichten dieses Buches möchte ich mich bedanken und widme sie Jens und Soldi Lommatzsch („Im Weihnachtsland"), Sibylle Lay („Die Märchenfrau im Einkaufsland"), K. J. Dallaway („Der Trompeter"), unserem Hühnchen („Das Hühnchen"), Martin Schmidt („Vergelt's euch Gott"), Marlene Günther („Danke lieber Nikolaus"), Lotte Günther („Das Wunschzettelengelein"), Bruder Pius und Metheusz Ratajczyk („Wichtelmütze und Butzelmann"), Tilmann Kramolisch („Eine Herberge in den Anden"), unserer Katze Lisa („Himmlische Zeiten für Katzenkinder"), Ilka Schlüchtermann („Der Weihnachtsfrieden) und Kossi Dikpor („An Weihnachten sind alle wieder da").

Zur Illustratorin

Kasia Sander, geboren 1964 in Gdynia (Polen), studierte an der Danziger Kunstakademie und machte 1993 ihr Diplom an der Fachhochschule für Design in Münster.
Seitdem illustriert die Grafikdesignerin Bücher für diverse Verlage (Arena, Ökotopia, Schneider u. a.) und arbeitet seit 2006 als Karikaturistin für die Recklinghauser Zeitung.
Darüber hinaus leitet sie Workshops in Ölmalerei und Zeichnung.
Kasia Sander hat ihre Werke mehrfach in Gemeinschafts- und Einzelausstellungen präsentiert.

Wer Interesse an **Fortbildungen** der Autorin hat (themenorientierte Spielprojekte, Snoezelen, Schwarzes Theater), oder Sybille Günther und das Team von **Momo** mit märchenhaften Inszenierungen (orientalisch, räuberisch oder elfengleich) als **Mitmachtheater, große Spielaktion** oder als **Bühnenprogramm** für ein Kinderfest buchen will, der kann schriftlich, telefonisch oder via Internet persönlichen Kontakt aufnehmen.

Sybille Günther bietet darüber hinaus Kindergärten, Schulen, Jugendhäusern und anderen sozialpädagogischen Einrichtungen **Beratung und Begleitung bei Projekten** in der Einrichtung an.

Wer selbst aktiv werden will, findet bei **Momo** – Zeit zum Spielen, dem Spieleladen der Autorin, alle benötigten Materialien, sei es für das Spiel im Schwarzlicht, zur Einrichtung und Belebung von Snoezelenräumen, zur fantasievollen Ausstattung von Spielfesten, Zirkusprojekten oder einfach für mehr Spaß bei der alltäglichen Arbeit im pädagogischen Bereich.

Der Laden findet sich in einem über vierhundertjährigen Fachwerkhäuschen im tiefen Odenwald und als Online-Shop unter:

www.momo-online.com

E-mail: office@momo-online.com

Momo
Zeit zum Spielen

Am Hanfmarkt 4
69151 Neckargemünd
Tel: 06223 / 80 96 66
Fax: 06223 / 80 96 67

 CD ... und dazu der Tonträger von Wunderbundt

Himmlische Zeiten für Kinder

Lieder und Geschichten zur Weihnachtszeit

Die CD begleitet die HörerInnen mit einer bunten Palette von Liedern und Geschichten durch die Weihnachtszeit. Es beginnt mit den Vorbereitungen im Advent: Die Weihnachtpyramide und das Räuchermännchen werden aufgebaut; bevor der Nikolaus kommt, werden die Schuhe geputzt und ein himmlischer Plätzchenduft breitet sich im ganzen Hause aus. Die „Märchenfee" kommt am Abend und liest bei Kerzenschein und der „Oberförster Roderich" stapft durch den Winterwald zur Futterkrippe. Es wird gewerkelt, genascht, geträumt, gewünscht und es gibt so manche Heimlichkeit. Ein besonderer Höhepunkt ist im Wichtelreich wie bei den Menschen „Heilig Abend" und bei „Silvester" klingt mit einem Jahresrück- und -ausblick auch die CD aus.

Neben überwiegend neuen Weihnachtsliedern zum Mitsingen, Mitmachen und Träumen für die ganze Familie gibt es auch erzgebirgische Folklore. Die zahlreichen Kinderstimmen im Solo- und Chorgesang wecken die Aufmerksamkeit der Kinder in besonderem Maße. Wie schon bei vorangegangenen Wunderbundt-Produktionen wirken viele Freunde und MusikerkollegInnen mit, sodass eine musikalische Vielfalt der Stile und Mittel entsteht, die für „wunderbundte" Kinderlieder typisch ist, und so die facettenreiche Weihnachtszeit widerspiegelt.

ISBN 978-3-86702-089-3